근대 일본의
젠더이데올로기

지은이 오고시 아이코(大越愛子, Ogoshi Aiko) 1946년생으로 교토대학(京都大學) 문학부 박사과정을 수료했으며 현재 긴키대학(近畿大學) 문예학부 교수이다. '여성·전쟁·인권'학회 회원이며, 전공은 철학, 종교학, 여성학이다. 저서로 『페미니즘 입문(フェミニズム入門)』(筑摩書房), 『투쟁하는 페미니즘에(鬪爭するフェミニズムへ)』(未來社), 『여성과 종교(女性と宗教)』(岩波書店) 등이 있다.

옮긴이 전성곤(全成坤, Jun Sung-Kon) 2005년 일본 오사카대학(大阪大學)에서 문학연구과 일본학전공 문학박사학위를 취득, 현재 고려대학교 일본학연구센터 연구교수로 있다. 논저로 「일본의 '인종' 경합 논리와 제국주의－비교방법론의 양상을 중심으로」, 『인문학으로서의 죽음교육』 등이 있다.

근대 일본의 젠더이데올로기

초판 1쇄 인쇄 2009년 10월 1일 **초판 1쇄 발행** 2009년 10월 10일
지은이 오고시 아이코 **옮긴이** 전성곤 **펴낸이** 박성모 **펴낸곳** 소명출판 **출판등록** 제13-522호
주소 서울시 서초구 서초동 1621-18 란빌딩 1층
전화 02-585-7840 **팩스** 02-585-7848 **전자우편** somyong@korea.com

값 16,000원
ISBN 978-89-5626-364-9 93910

근대 일본의 젠더 이데올로기

오고시 아이코 지음
전성곤 옮김

소명출판

〈범례〉

1. 원문에서 사용된 '~적'이라는 표현을 보기와 같이 바꾸어 표현했다.
   예: 性的奉仕 → 성性 봉사
2. 원문에서 여성 혹은 부인이라는 표현은 문맥을 보아 나누어서 사용했다.
3. 본문에 사용된 '근대 일본'은 '일본의 근대화 과정'을 축약한 의미로 사용한다.
4. 본문속의 저자는 한글 표기를 먼저 적고 한자를 넣어 표기했다.
   예: 与謝野晶子 → 요사노 아키코与謝野晶子
5. 본문에 사용된 주석은 번역을 하지 않고 원어를 그대로 사용했다.
6. 본문에서는 양처현모良妻賢母를 현모양처로 바꾸어 번역했다.
7. 본문에 사용된 저자의 강조는 ' '로 표시했고, 인용문은 " "로 표시했다.
8. 본문에 사용된 인용문 중 원서가 번역되어 있는 것은 한국어 번역서를 참조하여 인용했다.
   예 : ヘーゲル『精神現象學』河出書房, 1966年.
   → 헤겔저(임석진역)『精神現象學』한길사, 2005년.
9. 본문에 사용한 '고어'는 역자가 풀어서 번역한 부분도 있다.
10. 년도표기는 전부 서기로 통일했다.
11. 본문에 사용된 초상화나 이미지 사진은 일본 위키페디아(Wikipedia) 백과사전에서 인용했다.

‖ 한국어판 서문 ‖

현재 한일 간에는 많은 문제들이 생겨난다. 필자는 그 문제들의 원인 중 하나가 일본인들이 한국의 역사를 너무도 모르기 때문이 아닌가 하는 생각이 들었다. 부끄러운 이야기지만 필자 역시 그 중 한 사람일 것이다. 그러나 다행히 2001~2005년까지 필자는 일본의 '여성 · 전쟁 · 인권女性 · 戰爭 · 人權'학회와 한국의 전쟁과 여성인권센터가 공동으로 개최하는 연구회에 참여할 기회가 있었다. 동아시아 근현대사를 젠더 시점에 바탕을 두고 공동연구를 실천해보는 연구회였는데, 필자는 이 공동연구회에서 한국의 근현대사에 대해 공부할 기회를 가졌고, 일제강점기에 일본이 저지른 사건들을 공부할 수 있었다. 그러면서 한편으로는 한국인들과 일본 근현대사의 사건 그리고 그 배경에 대해서 토론도 할 수 있었다. 특히 젠더 문제에 관해서는 더더욱 그랬다고 생각한다.

그 연구 성과물로 2005년 11월『여성의 눈으로 본 한일 근현대사 ジェンダー視点からみる日韓近現代史』라는 저서를 한국과 일본에서 동시에 출간하게 되었다. 이는 상호이해를 위한 하나의 획기적인 사건이었다고 생각한다.

필자가『여성의 눈으로 본 한일 근현대사』에서 집필한 부분은 본서를 토대로 한 것이다. 그러나 그것은 매우 일부분에 불과한데, 이번에 이 책을 완역하여 출판하게 된 것은 상상치 못할 만큼 큰 기쁨이다. 이것은 근대 일본이 내포하고 있었던 문제를 알리는 기회가 된다는 점에서 큰 의미가 있다고 생각한다.

근대화는 사회시스템과 '문화'젠더라는 이원체제화二元体制化와 아주 밀접하게 연결되어 있다. 동아시아에서는 공통적으로 유교나 불교가 젠더이데올로기로 이용되었지만 근대 일본은 신도神道까지 가세하고 있었다. 이 점은 아직 일본 학계에서 충분히 연구되어 있지 않다.

근대 일본이 천황제 국가로 편성되는 과정은 '젠더'가 상징적인 의미를 획득하는 과정이었다고 볼 수 있다. 아니 어쩌면 오히려 이용당했다고 표현해야 할 것이다. 이것은 일본의 페미니즘 전개를 이해하는 데에도 중요한 의미가 있다. 그 이유는 여성에 의한 여성 자각을 외치는 것으로 시작한『청탑青踏』페미니즘이 왜 국가의 침략정책에 협력하게 되었는가라는 문제의 해답을 여기서 찾을 수 있기 때문이다.

하지만 지금 시점에서 보면 문제의식이 약간 부족했던 점을 통감하지 않을 수 없다. 일본군 '성노예제도' 문제에 대해서 정신대문제대책협의회와 실천적으로 교류하기는 했지만 이론적 접근방식에까지는 미처 이르지 못했다. 이를 바탕으로 요즘은 '세계시스템 속에서의 동아시아'라는 새로운 시각으로 연구를 진행하고 있는데, 그에 관한 논고는 다음 기회를 약속하고 싶다.

이 번역서가 계기가 되어 앞으로 한일 상호 교류를 위한 소통 연구의 기회를 만들었으면 하는 바람이고, 독자들의 감상과 비판을 겸허히 받아들이려 한다. 바쁜 시간 속에도 시간을 내어 번역해준 전성곤 씨에게 감사드리고 출판을 허락해 준 소명출판에 진심으로 감사의 말을 전한다.

2009년 1월

오사카에서 오고시 아이코

들어가면서

20세기 말 지금까지 수백 년의 시대를 지배해왔던 근대주의近代主義 이데올로기가 근본적으로 재검토되는 사상적 격동의 시대를 맞이하고 있다. 근대 인간중심적 자연관을 재문再問하는 환경이론, 근대 서구중심주의적 세계관을 고발하는 포스트콜로니얼리즘post-colonialism, 근대 성별역할분업性別役割分業이라는 젠더 규범을 비판하는 페미니즘 사상 등이 그 중심적 역할을 담당하고 있다. 이들 사상은 각각의 대상 영역을 넘어 문제의식을 교환하기도 하며, 복잡하게 얽혀 착종錯綜된 근대주의 이데올로기의 전모를 부상시키려는 과감한 도전을 실천하고 있다.

근대주의 이데올로기는 서구문화에서 잉태된 것이라고는 하지만 일괄적으로 서양문화라 하더라도 서구 각 나라마다 차이가 존재한다. 그것은 곧 지역적 근대주의 이데올로기가 다양한 형태로 나타났음을 확인할 필요가 있음을 시사하는 것이다. 더군다나 서양문화와 이질적인 발달과정을 겪은 비서구 국가들의 근대주의 이데올로기는 오히려 이질적인 것이 당연하다고 볼 수 있을 것이다.

반대로 각 지역마다 고유의 근대화 사정에 얽힌 근대주의 이데올로기가 필요했던 것은 당연한 귀결일지도 모른다. 이 논리는 물론 일본에도 해당된다. 일본이 세계 경제대국에 들어선 것이 계기가 되어 일본의 '근대화의 독자성'을 인지하고 '일본의 근대화'는 일본학 연구자들의 주목을 받게 되었다. 그러나 '일본의 근대화' 인지라는 것은 반드시 플러스 평가만을 의미하는 것이 아니다. 왜냐하면 일본적 근대화가 낳은 많은 비틀림, 내셔널리즘·식민지주의·차별이데올로기가 오히려 관심 대상이기 때문이다.

여성학 분야에서는 근대 일본의 젠더이데올로기가 주목받고 있다. 서구의 근대화 과정에서 '근대 성별 역할분업 규범'·'근대가족주의'가 강렬하게 기능했던 것을 서구 페미니즘 이론은 극명하게 분석해 왔다. 서구의 젠더이데올로기의 중핵을 이루는 것이 크리스트교의 이성애異性愛환상인데, 그것은 근대자본주의 체제와 일체화되어 남근중심주의 섹슈얼리티에 근거한 서구 근대의 젠더 규범이 형성된다.

이에 반해 일본의 근대화 과정에서 나타난 젠더문제는 아직 충분히 밝혀냈다고 말하기는 어렵다. 일본의 근대를 어느 시기로 볼 것인가에 따라 논고의 차이는 있지만, 이 책에서는 서양 근대문화와의 만남 이후를 일본의 근대화 과정이라고 상정한다.

이러한 상정 아래 메이지의 문명개화와 함께 유입된 서구 근대의 젠더gender[1] 규범에 대해 일본이 어떠한 방식으로 젠더화 전략을 취했는가. 혹은 그 젠더화 전략에 일본의 전통적 젠더관이 어떻게 이용되었는가라는 문제를 고찰하는 것은 일본의 근대화의 특질을 탐구하기에 중요한 과제가 될 것이다.

일본의 근대화가 서구의 근대화를 모방하면서 한편으로는 서구 근대에 대항하는 논리로서의 독자적인 일본적 근대주의의 형성을 위해 노력했던 것은 주지하는 바이다. 그러나 어느 단계까지의 성공이 일본의 자기 과신을 불렀고 침략주의로 전환하면서 제국주의로 발전한 결과 악몽과 같은 파멸에 빠져들었는데, 이 노선은 기본적으로 현재까지도 변하지 않고 있다고 생각된다.

일본은 스스로가 짜낸 근대주의 이데올로기의 문제점을 아직도 자각하지 못하고 있고, 그 때문에 일본적 근대주의 틀 속에서 안주하고 있는 것은 근대주의의 귀결로 일어난 전쟁에 대한 책임을 지는 방법의 애매함을 보면 알 수 있다.

일본적 근대주의의 문제점은 현대 일본의 젠더문제에서 명백하게 나타난다. 개별적인 남녀의 성 구분이 없어지고 있음에도 불구하고 일본의 공적 사회에서의 여성배제 구조는 조금도 바뀌

---

1) 일반적으로 선천적 · 신체적 · 생물학적 성별을 나타내는 섹스sex에 대해 '젠더gender'는 생물학적인 성이라기보다는 사회학적인 성을 가리키는 용어로 사용한다. 한편으로는 '젠더'를 생물학적 성 개념을 포함하면서도 문화적인 차이와도 또 다른 것이라고 보는 입장도 있다. 이 말의 어원은 라틴어의 'genus(낳다 · 종족 · 기원)'이다. 공통적 어원을 가진 말로 'gene : 유전자' · 'genital : 생식의' · 'genre : 장르' 등이 있다. 1974년 출판된 *Masculine / Feminine or Human*이라는 여권 확대주의자의 책에서는 '생득적生得的인 gender'와 '학습된 sex role'이라는 의미의 정의도 보인다(역자 주).

지 않는 것은 선진국 중에서도 특이한 성차별대국 일본의 모순이다. 이 사실에서 일본 근대의 젠더이데올로기가 얼마나 감쪽같이 구조화構造化되었는지가 여실히 드러나고 있다고 말할 수 있다. 본서는 이와 같은 문제의식 아래 일본의 근대화 과정에서 젠더이데올로기가 어떻게 형성되었는가, 그것이 일본의 사회시스템에 어떠한 방식으로 주술을 걸었는가라는 문제 해독에 목적을 둔다.

첫째, 이러한 이데올로기 형성을 기획했던 남성이데올로기 창출자들의 의도를 살펴본다. 일본의 사상적 근대화를 짊어졌던 관료지식인들은 천황제를 중핵으로 하는 일본적 내셔널리즘 창출에 고군분투했다. 그들은 서구의 근대주의 이념을 도입하면서 그것을 교묘하게 환골탈태換骨奪胎하여 서구와 이질적인 일본적 근대주의의 날조를 모색했는데, 그 때 철저하게 이용했던 것이 전통적 차별구조였으며, 특히 여성차별이었다. 이러한 차별구조의 온존과 은폐를 위하여 일본 민중의 전통적 평등 환상을 부추기고 재생산한 것도 그들의 작업이었다. 그들의 기만적 담론의 권력성을 추급追及해보면 특히 젠더이데올로기의 이중구조를 해명할 수 있을 것이다.

둘째, 이러한 남성 이데올로기의 권력적 담론에 대해 여성들이 어떠한 입장에서 대항했는지를 검토한다. 여성들은 남성이데올로기 창출자들이 제기한 젠더 규범에 반기를 드는 것으로 출발하고 있지만, 과연 그들의 이중구조적인 젠더이데올로기의 자장에서 벗어날 수가 있었는지를 물을 필요가 있다. 표면적인 반발과는 반대로 심층에서는 그 구조를 내면화했고 더 나아가 일본적 젠더이데올로기의 증폭에 공헌한 사실을 분석하지 않으면 안 된다.

셋째, 일본의 젠더이데올로기가 역사에 미친 역할의 검증일 것이다. 일본 여성은 이데올로기를 내면화했기 때문에 근대 일본차별사회의 피해자일 뿐만 아니라 가해자의 역할도 담당했다는 것이다. 이러한 이중구조 문제는 일본의 페미니즘에서도 거론되기 시작했다. 이것은 1980년대부터 전개해 온 '근대주의'·'반근대주의'라는 불필요한 논쟁에 종지부를 찍기 위해서라도 필요한 중요한 논점 중의 하나이다.

페미니즘도 또한 근대주의 이데올로기의 산물이며 일본의 페미니즘도 예외는 아니다. 그렇지만 일본의 페미니즘이 서구가 아닌 일본의 근대주의 이데올로기의 산물이었다는 것은 다시 한번 검토해 볼 필요가 있다. 일본의 페미니즘이 내포하는 반근대주의는 일본적 근대주의의 반사反射인 것이다.

현대 페미니즘 이론은 페미니즘의 근대주의적 한계를 극복하여 근대주의 그 자체의 내적 권력구조를 밝혀내어 근대주의의 동일적인 자폐自閉 구조를 해체하고 있다. 필자와 같은 문화 해체파 페미니즘의 의도도 바로 여기에 있다. 근대 일본 형성과 함께 날조되어 그것이 마치 자연스러운 것처럼 느끼도록 심층부분에 내면화시킨 일본적 젠더이데올로기 해체 실천은 그를 위한 가장 중요한 과제라는 것을 다시 한번 강조해두고 싶다.

본서는 앞의 이러한 과제 중에서도 첫 번째 문제와 두 번째 문제를 다루고 있다. 세 번째 문제에 관해서는 현시점에서 제시할 수 있는 문제제기 정도에만 그치기로 한다.

‖ **차례** ‖

제3장 근대 일본의 젠더 정치학

제1장 젠더이데올로기의 형성

1. 젠더 쇼크

일본은 근대화 과정에서 서구열강의 외압에 어떻게 대응해야 하는가라는 문제에 직면했다. 서구열강과의 만남에 대한 대응의 실패가 도쿠가와 막부德川幕府[1] 붕괴의 최대 요인이었다는 것을

1) 에도 막부江戶幕府는 1603년 3월 24일에 도쿠가와 이에야스德川家康가 정이대장군征夷大將軍으로 임관되면서 시작되고, 1867년 11월 9일에 15대 쇼군將軍인 도쿠가와 요시노부德川慶喜가 대정봉환大政奉還으로 정권을 반환하면서 막부정치가 끝을 맺었다. 도쿠가와 막부는 264년간이었으며 에도 시대江戶時代 혹은 도쿠가와 시대德川時代라고 부르며 도쿠가와가 일본을 지배한 시기였다(역자 주).

왼쪽부터 기도 다카요시(木戶孝允), 야마구치 나오요시(山口 尙芳), 이토 히로부미(伊藤 博文), 오쿠보 도시미치(大久保 利通)

보면 그것이 얼마나 중요한 사안이었는지가 분명해진다. 식민지화의 위기에서 서구열강의 저력을 통감했기 때문에 양이주의攘夷主義자들이 개국주의자로 변모했는데, 어쩔 수 없었던 무기력함이 그들을 일본주의 환상으로 내몰았다. 그러한 일본적 내셔널리즘이 일본적 근대주의 이데올로기 형성의 동기였는데, 그것은 젠더 문제에서도 예외가 아니었다.

일본적 젠더이데올로기 형성의 필요성은 개국 이래 일본인이 서양문화와 만나면서 문화충격 면에서 커다란 자극을 받았다. 당시 근대화의 리더였던 남성들은 서구의 연애 커플 문화에 경악했고, 그것에 혐오감을 가졌는지는 1871년 12월에 도미渡美한 이와쿠라岩倉 사절단2)에 수행했던 구메 구니타케久米邦武3)에 의한 『미구회람실기米歐回覽實記』에서 엿볼 수 있다.

'남녀칠세부동석'이라는 유교적 남녀관에 사로잡혀 있던 구메는 이와쿠라 사절단과 오쿠보 도시미치大久保利通4) 등 당시 지도자들의 불쾌감

구메 구니타케(久米邦武)의 초상화

2) 이와쿠라 사절단岩倉使節団은 1871년 11월 12일부터 1873년 9월 13일까지 일본에서 미합중국・유럽 등에 파견된 사절단을 가리킨다. 정부의 고위 관직자와 유학생을 포함해 107명으로 구성되었다(역자 주).

3) 메이지明治기부터 다이쇼大正기의 역사학자이다. 히젠노쿠니肥前國(현재의 사가현佐賀縣) 출신으로 1862년에 에도江戶로 진출하여 쇼헤자카가쿠몬죠昌平坂學問所에서 학업한 후 1871년 이와쿠라 사절단의 일원으로 구미歐米를 시찰했다. 귀국 후에 『미구회람실기米歐回覽實記』를 발간한다. 1888년 동경제국대학 교수 겸 임시편년사편찬위원으로 취임했고 시게노 야스쓰구重野安繹와 함께 역사 편수사업에 관여한다. 동경제국대학교수 재직 중 1892년 다구치 우키치田口卯吉의 권유로 『사해史海』 잡지에 게재한 「신도는 제천의 고속神道ハ祭天ノ古俗」이라는 논문 내용이 문제가 되어 사임한다(구메 구니타케 필화사건久米邦武筆禍事件). 후에 와세다대학早稻田大學 교수를 역임했다(역자 주).

4) 1830년 가고시마현鹿兒島에서 사쓰마번사薩摩藩士 오쿠보 도시오大久保利世의 장남으로 태어났다. 당시의 이름은 쇼게사正袈裟였다. 어릴적에 사이고 다카모리西鄕隆盛, 가이에다 노부요시海江田信義 등과 함께 공부했다. 1865년에 도시미치利通로 개명했다. 사이고西鄕와 함께 정치의 주축으로 활동하고 1867년에 에도 막부江戶幕府 도쿠가와 요시노부德川慶喜가 대정봉환大政奉還을 실시하자 이와쿠라岩倉와 함께 왕정복고의 구데타를 계획하고 실행했다.1869년 8월에 참의參議에 취임하고 판적봉환版籍奉還, 폐번치현廢藩置縣 등 명치정부의 중앙집권체제의 확립에 기여한다. 1871년에는 이와쿠라 사절단岩倉使節団의 부사副使로 구미를 시찰한다. 1873년 내부성內務省을 설치하고 스스로가 초대 내무경內務卿이 되어 실권을 쥐고 지조개정地租改正과 징병령 등을 실시한다. 1877년 서남전쟁西南戰爭에서는 정부측 군을 지휘했다. 그 후 궁내경宮內卿에 취임하면서 메이지 정부와 천황의 일원화를 구상하였다. 그러나 1878년 이시카와현石川縣 사족 시마다 이치로島田一郎 등에 의해 기오이자카紀尾井坂에서 암살당

을 대변하듯 다음과 같이 적고 있다.

> 미국은 관저官邸에 여성들이 출입하는 것을 허락하고, 해군・육군학교에서도 여성들을 모집하며 여성도 조련을 받으면 군인이 될 수 있다. 남녀가 함께 춤을 추며 환락을 즐긴다. 이는 공화정치 풍속인데 동서양은 원래부터 서로 통하지 않는다는 것을 알 수 있다. 우리와는 동떨어진 먼 땅으로 생각되며 그 풍속은 이상하리만큼 너무 상반된다. 우리 일행은 요코하마橫浜에서 배를 탔는데 특수한 지역이라 생각된다. 우리의 거동이 그들의 주목의 대상이 되는 것처럼 그들의 거동도 우리들이 보기에는 이상했다. 일일이 나열하지는 못하겠지만 그 중에서도 가장 기괴하게 생각한 것은 남녀 간의 교제이다. 부부관계를 보면 일본에서는 며느리가 시어머니에게 봉사하며 자식에게는 부모의 도리를 다하고 남편을 따르는 것이 여성의 도리이다. 음식을 만들고 의복을 만들며 아랫사람도 부양하고 윗사람을 돕고, 앉으려고 하면 의자를 권하고 조금도 여성은 화를 내서는 안 되고 사랑을 베풀고 경의를 베풀고, 엎드려 이를 받들며 실외에 물러가 있고 식사를 하지 못할 때도 있다.[5)]

이러한 자세한 묘사에서 그들의 위화감을 느낄 수 있지만 구메는 이러한 쇼크를 자기 나름대로 정리하여 다음과 같은 결론을 내린다.

> 이것이 대체로 서구의 일반적인 풍토지만 미국과 영국이 더욱 심하

한다. 향년 49세의 나이였다(역자 주).

5) 久米邦武, 『特命全權大使米歐回覽實記』, 岩波書店, 1977, 247면.

다. 영국은 여왕을 섬기는 나라이고 미국은 공화정치를 한다며 남녀동권론을 자랑스러워한다. 요즘 미국에서는 부인 참정권을 인정하자는 논의가 일고 있으며, 어느 주州에서는 이미 이를 공포하고 있다고 한다. 그러나 워싱턴에 사는 한 여의사는 남장을 했다고도 한다. 하지만 생각이 있는 여성들은 이를 배척해야 한다. 이는 말하자면 남녀의 의무는 원래부터 다른 것이며 여성이 국가 보호에 책임을 맡기지 않는 것도 여기에 있다. 동양의 가르침에 여성은 안內을 다스리고 밖外을 다스리지 않는다고 했다. 남녀의 분별은 자연스러운 도리이니 식자識者들은 신중하게 생각해야 한다.[6]

1869년 이와쿠라 사절단이 미국에 건너갔을 당시 '미국 부인참정권협회'가 조직되어 엘리자베스 케이디 스탠턴Elizabeth Cady Stanton[7] · 스잔 안토니Susan Brownell Anthony[8] 등의 운동가들이 활발하게 활동하

---

6) 위의 책, 249면.

7) 미국 여성선거권운동 창시자. 뉴욕주 최고법원판사의 딸로 태어나, 1840년 노예제폐지운동가와 결혼하였다. 1848년 세니커폴스Seneca Falls에서 여성의 권리를 위한 대회를 개최하여 여성의 독립선언이라고도 할 수 있는 '소감선언', 여성선거권을 포함한 여러 결의안을 채택하였다. 이후 미국의 여성해방운동은 여성선거권운동을 중심으로 전개되었고, 그녀는 7명의 아이를 기르면서 운동의 이론과 방향을 제시해 나갔다. 스탠턴은 여성선거권에 그치지 않고 결혼 · 종교 등 여러 방면에서의 여성해방을 주장하여 때로는 온건한 여성선거 운동가들의 이탈을 초래했다. 그러나 현실적인 정치 감각도 있고 기지가 풍부한 평론 · 강연 등을 통해 여성선거권운동에 대한 일반인의 지지를 확대시켰다(역자 주).

8) 미국 여성참정권운동 지도자의 한 사람이다. 메사추세츠Massachusetts주 출생하여 퀘이커Quaker교도로서 금주운동 · 노예제폐지운동을 지지하는 아버지 밑에서 자랐다. 처음에는 교직에 종사하였고, 1851년 여성참정권운동에 투신하였다. 여성참정권운동은 헌법수정에 의한 여성선거권(별칭 앤터니수정, 1920년 성립)의 획득을 목표로 여성의 경제적 자립 등 광범위한 여성해방문제에도 눈을 돌렸다. 1872년에는 현행 헌법하에서도 여성선거권이 보장되어 있다고 주장하고 투표를

고 있었던 시대이다. 재판 투쟁도 마다하지 않는 그녀들의 평등 요구에 위협을 느낀 일본 남성들은 다시 한 번 동양적 남녀관의 미풍美風을 느꼈던 것이 분명하다. 동권同權이 아니라 이질성異質性을 강조하는 젠더관 형성의 필요성이 그들의 뇌리를 스쳤던 것이다. 그렇지만 그들의 위기감과는 달리 이와쿠라 사절단에 동행한 쓰다 우메코津田梅子[9])를 비롯한 여성 유학생들은 현지 여성운동가

결행하여 체포되었다. 조직력 · 실천력이 뛰어난 실무가형으로, 이론가인 E. C. 스탠턴과 함께 운동의 대표자였다. 독신으로 여성참정권운동에 몸을 바쳤던 그녀의 초상이 1979년 미국에서 여성으로는 처음으로 화폐에 채용되었다(역자 주).

9) 쓰다 우메코는 1864년 에도江戶에서 태어났다. 아버지 쓰다센津田仙은 막부 측에 있었기 때문에 막부 붕괴 후에는 직업을 잃었다. 1869년 쓰키지築地의 호텔에서 일하게 되면서 쓰다 일가는 무코우지마向島로 이사한다. 그 후 1871년 아버지 센仙은 명치정부 사업의 하나인 북해도개척사北海道開拓使의 촉탁이 되어 아자부麻布에 이사한다. 개척사차관開拓使次官인 구로다 기요타카黑田淸隆는 여성 교육에 관심을 갖고 있었던 인물인데 센仙은 구로다가 기획하던 여자 유학생 파견 사업에 우메코梅子를 응모하게 하였다. 그리하여 우메코는 1871년 이와쿠라 사절단의 일원으로 도미한다. 5명 중 최연소의 8살이었다. 11월에 요코하마를 출발하여 샌프란시스코를 지나 12월에 워싱턴에 도착한다. 미국에 건너 간 1871년은 조지타운Georgetown의 일본변무관서기日本弁務官書記의 집에 맡겨졌다. 5월에는 모리 아리노리의 소개로 유학생은 워싱턴시내에 살게되는데 10월에 2명이 귀국했고 우메코는 다시 일본변무관서기의 집에서 11년을 지낸다. 우메코는 영어 · 피아노 등을 배웠다. 일본으로 보내는 편지는 영어로 적었다. 기독교에 눈떴고 1873년 7월에 특정 종파에 소속되지 않은 필라델피아의 독립교회에서 세례를 받는다. 라틴어 · 프랑스어 등 어학뿐만 아니라 자연과학 · 심리학 · 예술 등을 배웠다. 1881년에 개척사開拓使로부터 귀국명령을 받지만 재학중이었던 야마카와 스테마쓰山川捨松와 함께 연장을 신청하고 1882년 7월에 학교를 졸업했다. 그 후 11월에 우메코는 귀국하지만 유학적 가치관이 농후한 일본에서는 여자유학생이 활약할 수 있는 직업분야는 거의 없었다. 1883년 이토 히로부미伊藤博文로부터 화족자녀華族子女를 대상으로 교육을 실시하는 사숙私塾인 도요조주쿠桃夭女塾를 개설한 시모다 우타코下田歌子를 소개받는다. 우메코는 이토伊藤 집에서 영어를 가르치고 통역 일을 하며 도요조주쿠의 영어교사로 일하게 된다. 1885년 이토의 추천에 의해 학습원여학부學習院女學部로부터 독립하여 설립된 화족여학교華族女學校에 영어교사가 된다. 1888년

들의 열렬한 환영을 받았다. 이는 다음과 같은 신문기사에서 확인할 수 있는데, 그것은 캘리포니아주 부인참정권 운동위원 회장으로부터 보내온 메시지였다.

1890년의 쓰다 우메코(津田梅子)

> 미국 여성을 대표하여 일본에서 온 사절단 여성 여러분이 미국에 무사히 도착하신 것을 진심으로 환영합니다. (…중략…) 최근 미일관계가 숨가쁘게 변해가는 와중에 우리 여성들은 여성 교육의 향상을 위하여 서로 격려해야 한다고 생각합니다. '미국의 여성에게 주어진 것'이라기보다는 여성들의 권리와 특권을 얻기 위하여 노력하는 우리들에게 일본에서 여성 여

에 다시 유학을 결심하고 1889년 7월에 다시 미국으로 건너간다. 우메코에게 유학을 권유했던 베이컨Alice Mabel Bacon은 일본인들의 습속習俗에 관심을 가졌으며 일본 여성에 대해 관심이 많았다. 우메코는 베이컨의 『일본의 여성日本の女性』을 출판하는 일을 도우면서 일본 여성 교육에 대해 관심을 갖게 되었다. 1892년 귀국 후에 다시 여자화족원에 근무하다가 1894년에는 메이지여학원明治女學院의 강사가 된다. 1899년에 고등여학교령高等女學校令, 사립학교령私立學校令이 공포되는 등 법적인 정비가 갖추어지자 여성 교육에 대한 기운이 높아졌다. 7월에 '여자영학숙女子英學塾'(현재의 쓰다주쿠대학津田塾大學 설립 신청서를 동경부지사에게 제출하여 허가를 받고 동경 고지마치구麴町區에 학교를 개교한다. 차별없는 여성 교육을 지향하고 일반여성 교육을 시작한다. 기존의 여성 교육과는 달리 진보적이며 자유로운 분위기의 수업으로 평판이 났다. 독자적인 교육방침을 방해받지않고 그것을 관철시키기위해서 자금원조는 최소한도에 두었고 교사들도 무보수로 봉사했다. 그럼에도 불구하고 학생과 교사는 증가했다고 한다. 1903년에 전문학교령專門學校令이 공포되고, 주쿠塾를 사단법인화한다. 우메코는 1919년 1월에 주쿠 장長을 사임하고 가마쿠라鎌倉의 별장에서 투병하다가 64세에 세상을 떠났다. 1915년 일본 여성 교육의 공헌을 인정받아 훈육등보관장勳六等宝冠章을 수여 받았다(역자 주).

러분들이 우리 나라를 방문해 주신 것은 커다란 의의가 있다고 생각합니다. 이렇게 여성 운동이 일본을 비롯한 다른 선진국에서도 동시에 일어나고 있는 것은 기쁜 일이며 세계사 속에서도 새로운 시대가 도래하고 있음을 알리는 것이라고 확신하고 있습니다.[10]

당시 최연소자 15세였던 여성 유학생들이 이와 같은 정열적인 메시지의 의미를 정확하게 이해했는지는 의문이 든다. 원래 이 여성 유학생 제도는 홋카이도北海道 개척사절단 차관인 구로다 기요다카黒田清隆[11]가 미국 변무공사 모리 아리노리森有礼[12]와 협의하여 만든 제도이다. 그러나 그 목적은 여성의 지위를 향상시키

10) 久野明子, 『鹿鳴館の貴婦人大山捨松』, 中央公論社, 1988, 69면.

11) 1840년 사쓰마 번薩摩藩에서 출생하여, 사쓰마의 번사藩士로 사쓰마와 초슈 번長州藩의 동맹을 위해 활동했다. 그리고 1868년부터 1869년에 걸쳐 일어났던 보신전쟁戊辰戰爭 때에는 나가오카번長岡藩에서 충돌한 전투와 쇼나이번庄內藩에 이르는 북쪽전선과 하코다테 전쟁箱館戰爭에서 참모로 전투를 지휘했다. 또한 개척장관開拓長官으로 1870년부터 1882년까지 홋카이도北海道 개척을 지휘했다. 1876년에는 강화도조약 체결에 관여했고 1877년에는 서남전쟁西南戰爭에서 공을 세웠다. 1888년 4월부터 총리대신을 역임했고, 임기중에 대일본제국헌법의 발표가 있었는데 조약교섭에 실패하여 다음해 사임한다. 추밀원의장樞密院議長 등을 역임했다(역자 주).

12) 1847년 사쓰마노쿠니薩摩國(현재 가고시마현鹿兒島縣)에서 태어났으며, 1865년 영국 유학과 미국 유학을 경험했다. 메이지유신 후에 귀국하면서 후쿠자와 유키치福澤諭吉・니시 아마네西周・가토 히로유키加藤弘之・쓰다 마미치津田眞道 등과 메이로쿠사明六社를 결성했다. 1885년 제1차 이토 히로부미伊藤博文 내각에서 문부대신文部大臣에 취임했다. 1885년 '현모양처교육良妻賢母教育'이야말로 일본의 정치 기본이념이라는 성명을 내고 이에 근거하여 전국 여학교와 고등여학교에 현모양처교육을 실시하라는 지시를 내린다. 1886년에는 학위령學位令을 발령하고, 일본의 학위를 대박사大博士와 박사博士의 두 개로 구분하는 등 학교제도 정비에 매진하면서 근대국가의 교육제도 확립에 힘썼다. 그러나 1889년 대일본제국헌법 공포식 당일 국수주의자 니시노 후미타로西野文太郎에게 암살당했다(역자 주).

기 위한 것에 있는 것이 아니라 다음 세대를 짊어질 '자녀를 생산'하기 위한 '여성 교육'을 촉진한다는, 어디까지나 남성중심주의 국가정책을 의도한 것이었다. 그리고 이러한 목적의 유학제도조차 결국 한 번만으로 폐지되고 말았다. 서양류의 남녀동권적 젠더관을 일본에 도입하는 것에 대해 남성지도자들이 가진 공포심을 알 수 있다.

모리 아리노리(森 有礼)의 초상화

최초의 여성 유학생이 미국으로 건너간 이듬해인 1872년 9월에 '학제'學制가 공포되어 일본의 여성 교육이 처음으로 제도화되었다. 서구에 비해서도 획기적이라고 할 만큼 이른 시기에 제도화된 여성 교육은 결코 여성의 의식과 자각을 목적으로 한 것이 아니었다.

서양문화를 접했을 때 젠더쇼크가 강렬했기 때문에 그 악풍에 일본 여성들이 물드는 것을 지도자층은 무엇보다도 두려워했다. 이를 보면 표면적인 남녀평등의 찬양과는 반대로 철저하게 현모양처교육에 중점을 두려고 했었다는 것이 분명하다.

일본 근대의 현모양처교육 이데올로기적 성격에 관해서는 나중에 다룰 예정이다. 여기서는 단 한 번뿐이었던 공적公的 여성 유학제도를 이용하여 미국의 여성 교육을 체험한 일본 여성이 일본류의 남녀관계에 대해 어떠한 눈을 가졌었던가를 살펴본다. 쓰다 우메코가 귀국한 후 미국의 아데린 란만Adeline's Ranman 앞으로 보낸 방대한 양의 편지가 1948년에 쓰다학원대학津田學院大學에서 발견되었다.

그 새로 발견된 자료에 기초하여 오니와 미나코大庭みな子가 『쓰다 우메코』의 전기에 활용하고 있는데, 그 중에서 쓰다 우메코의 편지에서 다음과 같은 글이 주목된다. 귀국 후 반년이 지났을 무렵의 편지이다.

> 제가 얼마나 많은 일들에 대해 의문을 품고 있으며 고민하고 있다는 것을 이해해주실 수 있을런지요. 저는 일본 여성들에 대한 애정 때문에 다른 한편으로는 비판을 하지만 그 불쌍한 입장을 생각하면 분노가 불타오릅니다. (…중략…) 여성들은 일본에서도 미국에서도 현실에 만족하며 사는 사람들이 많은 것을 보면 그 뿌리가 너무 깊어 사태를 변화시키는 것은 불가능합니다. 남성들은 여성들이 남성처럼 생각하게 될까봐 두려워하고 있습니다. 여성들은 무지하고 미신에 파묻혀 있습니다. 남성들에게 좀 더 나은 대우를 받도록 기대하기는커녕 여성들은 남성들보다 열등하다고 생각하고 있어 결코 그것과 투쟁하려하지 않습니다. 나쁜 것은 교육이 아니라 환경입니다. 환경을 바꾸지 않으면(…후략…)13)

서양교육을 받은 여성 입장에서 느낀 젠더쇼크가 선명하게 드러난 문장이다. 앞에서 기술한 남성의 그것과 비교해보면 흥미로운 논점을 찾을 수 있다. 다시 말하면 서양문화를 경험한 자는 남

---

13) 大庭みな子, 『津田梅子』, 朝日新聞社, 1993, 86~87면.

녀를 불문하고 일본의 전통적인 남녀관과 서구의 근대적 남녀관과의 너무 큰 차이에 경악했다는 것이다.

그러나 그 경악 이후의 반응은 전혀 다르다. 말할 것도 없이 남성들은 일본 여성의 의식이 각성되는 것을 두려워하여 오히려 여성의 의식 각성을 억제시키려는 형태로 여성의 근대화 정책을 모색하기 시작했다. 남성 지식인들이 젠더이데올로기 재편성에 적극적으로 관여하고 주도권을 쥐려고 했던 것은 반대로 그들의 위기의식이 얼마나 컸는지를 여실히 드러내고 있는 것으로 해석할 수 있다.

한편 여성 입장에서는 서양문화와 접촉하는 것으로 일본적인 남녀관계에 위화감을 느끼면서도 그 위화감을 극복하기 위한 시행착오를 시작하기에는 너무나 곤란한 상황에 놓여 있었다. 일본 근대의 젠더이데올로기의 뒤틀림은 남녀 간 권력관계의 압도적인 불균형 속에서 여성의 위화감이 남성주도의 담론체계에 뒤덮이면서 묵살되어가는 프로세스를 읽어낼 수가 있을 것이다.

2. 남성 지식인들의 부부동권논쟁夫婦同權論爭

근대 일본의 젠더문제에 관해서 선구적으로 공식적인 논쟁이 전개된 것은 1874년에 간행된 『메이로쿠 잡지明六雜誌』인데, 이 잡지의 기반이 된 메이로쿠사明六社[14]에 참가한 당시의 대표적 지식

頃日吾儕盍簪シ或ハ事理ヲ論シ或ハ異聞ヲ談シ一ハ以テ學業ヲ研磨シ一ハ以テ精神ヲ爽快ニス其談論筆記スル所積テ册ヲ成スニ及ヒ之ヲ鏤行シ以テ同好ノ士ニ頒ツ瑣々タル小册ナリト雖モ邦人ノ爲ニ智識ヲ開クノ一助トナラハ幸甚

明治甲戌二月

明六社識

메이로쿠 잡지의 매호 표지 뒷면에 게재한 발간사

인 대부분이 막부幕府 말기 서구 유학체험을 가진 자들이었다. 그들이 유학한 당시의 서구사회는 앞에서 기술한 것처럼 근대 크리스트교 이성애 커플 문화가 정착되어 있었으며 또한 미국과 영국을 중심으로 참정권을 포함한 여성의 공적인 권리 획득운동도 시작되고 있었다.

또한 서구사회는 이러한 여성 운동에 대한 찬반 토론이 아주 격렬하게 전개되고 있었다. 유학생들은 이러한 논쟁을 직접 경험함으로써 젠더문제가 근대사회를 건설하기 위해서는 중요한 이데올로기라는 것을 학습한 것이었다.

메이로쿠사에 모여든 유학생 지식인 모리 아리노리森有礼・나카무라 마사나오中村正直[15)]・쓰다 마미치津田眞道[16)]・니시 아마네西

14) 메이로쿠사明六社는 메이지 초기에 설립된 일본 최초의 근대학술단체이다. 1873년 7월에 미국에서 귀국한 모리 아리노리森有礼가 후쿠자와 유키치福澤諭吉・가토 히로유키加藤弘之・나카무라 마사나오中村正直・니시 아마네西周・니시무라 시게키西村茂樹・쓰다 마미치津田眞道 등이 계몽활동을 목적으로 결성했다. 모임은 매월 1일과 16일에 열렸다. 회원은 구막부旧幕府 관료들로 구성되었다. 1874년 3월부터 기관지 『메이로쿠 잡지明六雜誌』를 간행하고 개화기의 계몽활동의 지도적 역할을 담당했지만, 1875년 정부의 신문조례가 시행되면서 잡지는 43호로 폐간된다(역자 주).

15) 막부幕府의 영국 유학생 감독관 신분으로 영국에 갔다가 귀국 후에는 시즈오카静岡 학문소學問所 교수가 되었다. 1870년 11월 9일 스마일스Samuel Smiles의 *Self Help*를 『서국입지편西國立志編』(일어로는 『자조론自助論』)으로 출판하였는데 100

周[17]·후쿠자와 유키치福澤諭吉[18] 등은 각자 유학한 나라의 가정

만 부 이상이 팔렸다. 존 스튜어트 밀의 *On Liberty*를 번역한 『자유지리自由之理』(현재는 『자유론自由論』으로 칭함)는 '최대다수의 최대행복'이라는 공리주의 사상을 주장하여 개인의 인격과 존엄과 개성과 자유의 중요성을 강조했다. 메이로쿠사 멤버로 계몽사상 보급에 노력했다. '하늘은 스스로 돕는자를 돕는다Heaven helps those who help themselves'를 번역한 것도 나카무라 마사나오中村正直였다(역자 주).

16) 1850년 에도江戶에 진출하여 난학蘭學을 공부했다. 1862년에는 니시 아마네西周와 함께 네덜란드에 유학하여 레이덴대학Universiteit Leiden에서 수학하고 귀국한다. 그 때 강의노트를 1866년에 『태서국법론泰西國法論』이라는 제목으로 번역하여 출간한다. 이것이 일본 최초의 서양법학 소개였다. 메이지유신明治維新 이후 신정부의 사법성에 근무하며 신율강령新律綱領 편찬에 참가했다. 1869년 인신매매금지를 건의하기도 했다(역자 주).

17) 1841년 양로관養老館에서 난학을 배웠다. 1862년에는 막부의 명령으로 쓰다 마미치津田眞道·에노모토 다케야키榎本武揚와 함께 네덜란드에 유학하여 법학을 배우고 칸트의 철학·경제학·국제법 등을 배웠다. 1865년 귀국한 후 도쿠가와 요시노부德川慶喜의 정치고문 역할을 했다. 1868년에는 막부의 누마쓰沼津 병학교兵學校 초대 교장에 취임했고, 이후 문부성文部省·궁내성宮內省 등의 관료를 역임했다. 군인칙유軍人勅諭, 군인훈계軍人訓戒 기초에 관여하는 등 군정軍政 정비와 그 정신 확립에 노력했다. 메이로쿠사의 멤버가 되어 1874년부터 발행된 기관지 『메이로쿠 잡지明六雜誌』를 발행했다. 독일학협회학교獨逸學協會學校의 초대 교장을 지냈고 1890년에는 귀족원의원貴族院議員이 되었다. 후쿠자와 유키치와 함께 서양어 'philosophy'의 번역어로서 '哲學'이라는 말을 만들었으며, 예술·이성·과학·기술 등의 철학용어도 고안했다(역자 주).

18) 1835년 1월 10일 오사카시 후쿠시마구福島區에서 하급번사下級藩士 후쿠자와 햐쿠스케福澤百助의 차남으로 태어났다. 유키치諭吉라는 이름의 유래를 보면, 유학자儒學者였던 아버지가 『상유조례上諭條例』(청의 건륭황제 치세아래의 법령을 기록한 책)을 취하던 날 밤에 그가 태어났다는 것에서 유래한다. 아버지는 유학에 정통했던 인물이었으나 신분이 낮았기 때문에 명성을 떨치지 못하고 세상을 떠났다. 후쿠자와는 나중에 「문벌제도는 부모의 적敵이었다」(『자전自伝』)이라 할 정도이고, 후쿠자와 자신도 봉건제도의 문제성을 지적한다. 1854년 19살 때 나가사키長崎에 유학하여 난학과 네덜란드어를 배웠다. 1857년 데키주쿠適塾(오가다 코안緒方洪庵이 설립한 사숙私塾)에서 네덜란드어로 된 원서를 읽으며 학습했다. 1858년 에도江戶에 설립된 난학蘭學사숙의 강사가 되어 에도에 진출했다. 1859년 미일수호통상조약 체결로 외국인거류지가 된 요코하마橫浜에 견학을 나갔다가 영어가 사용되고 있는 것을 보고 독학으로 영어공부를 시작했다. 1860년 후쿠자와는 간린마루咸臨丸의 선장이 되어 미국에 건너간다. 미국에서는 과학분

을 보면서 서구의 일부일처제 가정의 저력을 체험했던 것 같다. 서구 근대국가들은 국력의 기반이 산업과 기술력・군사력에 있을 뿐만 아니라 가정에서 남편을 내조하고 자녀들 교육에 전념하는 여성들의 존재를 인정하는 근대적 성별 역할분업화된 가정에 있음을 그들은 실감하였던 것이다. 그렇지만 동시에 이러한 성별 역할분업을 넘어 여성의 권리가 주장되는 것에 대해서는 부정적이었다. 젠더문제가 서구처럼 여성의 입장에서 제기되는 것을 경계한 그들은 여성 부재不在의 남성들만의 논쟁으로 탈바꿈시키는 것으로, 젠더이데올로기 형성의 주도권을 쥐려고 하였다. 그들은 이렇게 전근대적인 남존여비男尊女卑적 젠더관을 비판하는 척하면

야에 대해서는 그다지 놀라지 않았지만 문화의 차이에 대해서는 충격을 받았다. 1860년 귀국하여 미국에서 구입한 관동어・영어 단어집인 『화영통어華英通語』의 영어에 가타카나를 달아 출간했다. 사절단使節団으로 유럽에 동행하기도 했는데, 유럽에서도 문화적 차이에 경악을 느끼며 서적으로는 알 수 없는 유럽인의 일상생활에 대해 조사하기도 하였다. 귀국 후 『서양사정西洋事情』의 저서를 통해 계몽활동을 시작한다. 후쿠자와의 대표적인 입장은 '독립자존獨立自尊'이었다. 베스트셀러가 된 『서양사정西洋事情』과 『문명론의 개략文明論之概略』 등을 발표하며 메이지유신 이후 일본이 중화사상과 유교사상을 탈피하여 서양문명을 적극적으로 받아들여야 한다고 주장했다. 한편 후쿠자와는 아시아의 나라들을 멸시하고 침략을 긍정했다는 비판을 받기도 한다. 특히 후쿠자와의 남녀동권론을 보면 후쿠자와는 메이지유신 이후 구미歐米의 여러 나라들의 여성해방 사상을 가장 먼저 일본에 소개하고 '인륜의 근본은 부부에 있다人倫の大本は夫婦なり'라고 말하고 일부다처제一夫多妻와 첩妾 제도를 비판하고 여성에게도 자유를 부여해야 한다고 주장하며, 남자도 여자도 동등한 인간이기 때문에 똑같은 교육을 받을 권리가 있다고 주장했다. 그러나 그의 여성해방 주장논리는 여성에게는 여성으로서의 '타고난 역할'이 있다고 제시하며, 여성은 가사家事, 육아育兒를 천직으로 하는 '가정참여의 권리家政參与の權'를 확립해야 한다고 주장했다. 후쿠자와는 남녀동등론을 주창하면서도 폐창론자는 아니었다. 『품행론品行論』에는 '사회의 안녕社會の安寧'・'사회질서社會秩序'를 위해 공창제도는 필요악이라고 주장했다 (역자 주).

서 새롭게 형성해야 할 근대 일본의 남성중심사회에 걸맞는 젠더 질서를 모색하기 시작했던 것이다.

메이로쿠사 설립의 주창자인 모리 아리노리는 근대 일본이 형성해야 할 젠더 질서를 이론뿐만 아니라 실생활 차원에서 모색한 대표적인 지식인이자 관료이다. 19세 때 영국유학길에 올라 러시아와 미국에 3년간 체재한 모리는 많은 서양인 가정에 초대받음으로써 서양적 인간형성의 기반이 된 일부일처제 가족의 중요성에 눈떴던 것이다. 그는 메이지 정부 성립 후 미국 공사로 임명되어 워싱턴에 체재하던 중 여성 교육의 중요성을 확신하고 야마가와 스테마쓰山川捨松・쓰다 우메코津田梅子 등의 여성 유학생을 보살펴 주었다.[19)]

1873년 일본에 귀국한 모리는 외압에 의해 어쩔 수 없이 진행해 온 근대화의 정당성을 이론화하기 위한 근대 일본의 이데올로기 형성을 목적으로 하는 학술적 결사로서 메이로쿠사를 결성하기로 마음먹는다. 이다 데루토시스케井田輝敏介는 근대 일본 계몽사상의 원천이라고 알려진 메이로쿠사가 담당한 역할을 다음과 같이 논하고 있다.

> 그렇다면 메이로쿠사 사원들이 공유한(이라고 추찰되는) 계몽사상 내용은 도대체 어떠한 것이었는가. '수백 년의 인습에 빠진 무기력한 인민을 선도하기에는 정부가 효시가 되지 않으면 안 된다'는 것은 국가의 명령을 받아 경세가經世家라고 볼 수 있는 오쿠보 도시미치大久保利通가

19) 大塚孝明, 『森有礼』, 吉川弘文館, 1986 참조.

『행정개혁건언서行政改革建言書』(1876.12)에서 토로한 말이다. 말하자면 '무기력한 인민'에 대해 정부에 의한 위로부터의 '유도'는 우리 나라에서는 국가의 건설이라든가 행정개혁의 경우에만 국한된 것은 아니었다. 여하튼 오쿠보의 말로 대표되듯이 우리 나라 위정자들의 공통성은 민중지도의 원리에 대한 성격이 정도의 차이는 있겠지만 메이로쿠사의 지식인들에게도 적어도 나누어 갖고 있었다고 생각한다. 원래 『버클Buckle, Henry Thomas 씨의 영국개화사』를 인용하여 「개화 진행은 정부 주도에 의한 것이 아니고 인민의 민중론에 의해서 이루어져야 한다」(『메이로쿠잡지明六雜誌』 제7호)를 제창하는 미쓰쿠리 린쇼箕作麟祥와 같은 예외 인물도 있지만 계몽지식인들이라 일컫는 자들의 공통분모로 소유하고 있었던 성격은 결국 그들이 품었던 비관적인 민중관에 의해 각인될 수밖에 없었다고 보아도 과언이 아닐 것이다.[20)]

서양에서 돌아온 지식인들에 의한 메이지기의 계몽사상은 우매한 민중 지도를 목적으로 하는 '위로부터의 근대화' 이데올로기였다. 그들은 근대국가 체재를 정비하기 위하여 민중을 계몽시키려는 의도도 있었지만, 그것은 어디까지나 그들이 의도하는 일본적 근대국가 틀 안에서의 계몽에 불과했다.

또한 그들은 민중을 근대적 인간으로 육성해야 할 필요성을 논하고 있지만 그것은 민중들의 주체성에 근거를 둔 것이 아니었다. 그들은 어디까지나 권리를 인정해 준다는 식의 지배층 의식에서 벗어나지 못했다. 이는 역시 젠더 문제에도 해당한다.

20) 井田輝敏介, 『近代日本の思想像』, 法律文化社, 1991, 11면.

남녀관계론은 인간관계나 사회생활의 전환을 꾀하는 메이로쿠사의 지식인들에게 몇 번이나 다루어진 논제였지만, 그것은 지배적 질서를 위협하지 않는 범위에서 남녀관계의 근대화가 다루어졌던 것이다. 거론된 테마는 부부동권론·여성 교육론·성욕론·폐창론 등 결혼·교육·섹슈얼리티 등 다기多岐에 걸쳐 있었다.

메이로쿠 잡지에서 젠더 문제의 지도자적 역할을 한 것은 '처妻와 첩妾의 문제'를 펼친 모리 아리노리였다. 다음과 같은 과감한 논지를 둘러싸고 남성들 간의 부부동권론이 전개되었다.

> 부부는 인륜人倫이 기본이다. (…중략…) 결혼하면 권리와 의무가 생겨나고 이를 상호 간에 헤쳐 나가야 한다. 그럼 무엇을 '권리'라 하고 무엇을 '의무'로 하는가. 그것은 서로 도우며 가정을 유지하기 위한 '도리'라고 말할 수 있다. 즉 남편은 가족을 부양해야 하는 의무를 가진다. 부인은 이를 지탱해야 하는 의무를 지닌다. 다시 말하면 부인은 지탱이라는 남편에 대한 권리를 가지며 또 남편은 부조扶助해야 할 의무를 지닌다. 이러한 이치에 의한 것이 혼인이며 또한 혼인의 목적이라고도 말할 수 있다. 오늘날 우리 나라 혼인 풍속을 보면 남편은 마음대로 부인을 부려먹는데, 그것이 맞는 것이라고 생각하고 있으며, 이를 따르지 않으면 안 된다고 법률에도 규정하고 있다. 이를 가지고 권리와 의무를 다한다고 생각한다. 이름은 부부지만 그 내실은 실제와 거리가 멀다.[21]

미국 체재 중에 금욕주의적인 크리스트교 커뮤니티에 참가한

21) 雜誌編, 「明六雜誌 第8号」, 『明治文化全集』 第5卷, 日本評論社, 1968, 93면.

경험을 가진 모리는 근대국가의 근간이 일부일처제 근대 가족에 있었음을 숙지하고 있었다. 그렇기 때문에 그는 종래 일본에서 당연시되어왔던 남성의 성적 욕망을 공공연하게 드러낸 '처와 첩의 동거 제도'를 철저하게 비판하고 있었던 것이다.

그의 부부동권론은 개인적 레벨에서 남편과 부인의 대등한 권리를 인정하자는 것이 결코 아니다. 어디까지나 국가의 기초단위로서 가족에게 일정한 역할을 담당해야 할 위치에서 여성을 어떻게 처우해야 하는가를 이념적으로 논했던 것이다. 모리가 주장한 '처와 첩의 논쟁' 주안점은 종래처럼 남편에게 예속되는 것에 만족하지 않는 근대적 가족 틀로서 여성의 중요한 역할을 널리 계몽하는 것에 있었다.

> 여성은 주부가 되어 가정을 다스리는데 그 책임은 결코 가볍지 않다. 그리고 어머니가 되어 아이를 가리키는 등 그 임무는 실로 어렵고 또한 중대하다고 말할 수 있다. 한 사람의 어머니가 되기 위해서는 먼저 건강한 신체를 유지해야 한다. 신체의 건강함은 보육을 잘할 수 있기 때문이다. 또한 성별을 잘 인식하고 그 내실은 순정純情하게 갖지 않으면 안 된다. 만약 성별 역할을 따르지 않으면 자식을 관리함에 있어 자식을 성심으로 따르게 할 수 없다. 자식의 어머니는 마치 사진·거울과 같다. 만약 그 내실이 순정하면 그것이 비추어져 자식 역시 순정해질 것이다. 그러므로 자식의 성별 역할과 내실적인 미美를 추구하려면 어머니된 자가 이를 실천하지 않으면 완수할 수가 없다.[22]

22) 「明六雜誌 第20号」, 『明治文化全集』 第5巻, 153면.

근대 가족에서 여성의 육아양육 역할의 중시, 어머니의 정신적인 역할을 강조하는 것에는 모리가 이전에 귀의했던 크리스트교 정신의 영향임을 알 수 있다. 남자 교육을 여성의 역할로 전혀 인정하지 않았던 유교나 불교에 비해 근대 크리스트교는 여성에게 중점을 두고 있었다. 그렇기 때문에 모리는 여성 교육의 중요성을 특히 강조하고 있었던 것이다.

> 여성은 원래 정이 많고 사랑이 깊은 존재이다. 그것을 조금 설명하면 어머니가 되어 아이를 기르는 방법을 알고 있으며 그 사랑의 힘을 활용하는 방법을 알고 있다. 너무 자식 사랑에 빠지는 경우도 있다. 그렇기 때문에 여성은 우선 학술적이고 물리적인 것을 익혀야 한다. 그 지식세계를 넓혀 사랑의 재산을 활용하는 방법을 알게 해야 한다. 그러면 그 깊은 사랑에 따르는 자들은 그 은덕에 더 감사할 것이다. 여성의 직분이 이처럼 어렵다. 그렇기 때문에 책임도 이처럼 무겁다. 그런데 남성들은 세속 여성을 놀이 상대로만 생각하여 주색에 빠져 방탕하여 쾌락을 얻으려 한다. 외국인의 눈에 우리 나라가 지구상에서 가장 음란한 나라라고 보는 것도 혹은 비난받는 것도 무리가 없을 것이다.[23]

모리는 무지하고 몽매蒙昧한 여성의 애정은 자식에게 오히려 해가 된다고 간주하고, 국가에 필요한 인재를 육성하는 역할을 담당해야 한다는 의미에서 여성의 사회적 책임을 중시했다. 합리적 행동가였던 모리는 그가 주장하는 젠더관을 현실에 반영하기

23) 위의 글, 153면.

위하여 서구 결혼법을 참고로 해서 만든 사안私案을 세상에 내놓았다.

혼인계약을 보면 제1조에 "혼인을 성립시키기 위해서는 남녀 쌍방의 동의와 승낙을 필요로 한다. 그리고 이를 이루기 위해서는 그에 맞는 의식을 치러야 한다. 또한 쌍방은 상호 간에 부부로서의 권리와 의무를 숙지해야 한다"[24]며 혼인이 개인과 개인의 계약에 근거함을 명기하고 있었다. 이 점은 당시로서는 획기적인 것이었다고 말할 수 있을 것이다.

마치 부부동권을 인정하고는 있는 듯하지만 모리의 이러한 논리에 대해 가토 히로유키加藤弘之와 쓰다 마미치津田眞道로부터 반대 의견이 나왔다. 그 중에서도 가토의 '부부동권의 유폐론流弊論'은 서양풍의 커플 문화에 익숙하지 않은 일본인 남성의 불쾌감에 근거한 매우 감정적인 것이다.

> 모리와 후쿠자와 두 선생의 부부동권론 주장은 부부 사이의 진리가 세상에 드러났다. 따라서 남편이 여성을 멸시하는 악풍과 첩을 두는 추악한 풍속이 점차로 없어지고 부부동권이 실행되기에 이르렀다. 두 선생의 공적은 위대하다고 말할 수 있다. 그런데 다른 한편으로 이를 보면 지금의 서구는 여성의 권리가 오히려 남자의 권리를 능가하는 것처럼 보인다. 이는 부부동권론의 오인해서 생긴 병폐이다. 지금 그 예를 하나 둘 들어보면 부부가 함께 문을 나설 때 여성이 먼저 나가고 그 뒤를 남자가 따른다. 앉을 때에도 여성을 상석에 앉히고 남편은 그 다음에 앉는

---

24) 「明六雜誌 第27号」, 위의 책, 185면.

다. 이웃집을 방문하였을 때에도 먼저 부인에게 인사하고 그 후에 남편에게 인사를 한다. 또한 부부의 이름을 소개할 때에도 부인의 이름을 먼저 소개하고 남자는 그 뒤에 소개한다. 다른 사람의 부인과 동석하였을 때에는 말을 조심하고 또한 부인에게 허락을 맡아야 담배를 피울 수 있는 등 여기에 전부 나열할 수 없을 정도이다.[25]

남녀동권론이 나오면서 형식적으로는 찬성하는 것 같지만 여성이 남성을 능가할 가능성에 대해서 두려워하는 것은, 현재의 보수적 남성 지식인의 반페미니즘 원점을 여기서 볼 수 있어서 흥미롭다.

한편 공리주의자인 쓰다는 '성욕론'에서 "성욕은 인간에게 부여된 가장 중요한 것이며 인간이 생존하는 이유이기도 한 것이다"[26]라며 성욕을 '자연스러운 것'이라고 여겨 남녀 간에 생기는 성욕야말로 인간생존의 전제가 되며 행복의 기원이라고 논하고 있다. 이를테면 그는 사적 생활의 부부동권을 인정하고 있었으나 그는 공적 세계에서 여성의 동권주장에는 난색을 표했다.

부부동권이 요즘 유행하는 것 같고 신문지상에서 자주 본다. 혹은 박식博識한 자들도 이런 말을 하는 것은 무슨 일인가. 원래 남녀동권이란 민권상民權上 남녀권리가 실질적으로 동등하다는 의미이다. 예를 들면 민법에 인권과 물권 계약에서 권리를 게재하고 있는 조항에서 알 수 있듯이 그 권한에 남녀 차이를 두고 있지는 않다. 그렇지만 국가의 정사政

25) 「明六雜誌 第31号」, 위의 책, 203면.
26) 「明六雜誌 第34号」, 위의 책, 221면.

事에 관한 공권을 보면 남녀가 처음부터 별개라고 적고 있다. 예컨대 이 공권은 원래 남자에게만 부여된 것으로 여성에게는 부여되지 않았다. 그렇기 때문에 입법・사법・행정 3대 권한에 대해 여성은 이전부터 이에 간섭한 적이 없다. 이 공권을 여성에게도 부여해야 한다는 설이 있기는 하지만 아직 시행에 이르지 않고 있다.27)

서구 유학을 한 쓰다는 성별 역할분업의 합리성을 인식하고 있지만 참정권운동에 대한 여성의 권리획득 요구에는 위기감을 가지고 있었다. 쓰다 마미치津田眞道나 니시 아마네西周는 서구 근대 철학 소개자로도 유명한데, 그들은 존 스튜어트 밀John Stuart Mill의 공리주의를 받아들였지만 밀의 여권론女權論은 무시했던 것 같다. 대부분 반대론의 논거論據는 남녀이질론男女異質論인데 쓰다의 논리에도 보인다.

이에 대해 모리는 자신이 주장하는 것이 '부부동등론'이지 '부부동권론'은 아니라고 강조한다. 사실 그는 여성의 주체적 권리의식의 각성에는 전혀 관심이 없었고 어디까지나 남성주도에 의한 여성의 지위개선에 문제를 한정시키고 있었다. 이는 그 후 그의 결혼문제에서도 드러난다.

27살이 되던 1875년 모리는 자신의 '결혼 이론'을 실천하기 위해 19살 히로세 오쓰네廣瀨阿常와 계약결혼을 맺었다. 오쓰네는 그 전년도까지 재적하던 가이타쿠시여학교開拓使女學校의 지질학자 라이만이 일으킨 구혼소동으로 화제가 된 여성이다. 매우 지적이며

27) 「明六雜誌 第35号」, 위의 책, 226면.

활달한 근대적 타입의 여성으로 모리는 자신과 잘 어울린다고 보았다. 결혼식은 서양식으로 하고 동경 지사知事인 오쿠보와 후쿠자와 유키치가 증인이 되어 혼인계약서를 읽었다. 혼인계약서를 읽은 다음 두 사람과 증인들이 서명하는 식의 새로운 방식이었다. 결혼식에 신문기자들도 초대된 것을 보면 모리에게는 결혼식조차도 계몽활동의 하나였던 것 같다.

당시 시대의 리더였던 두 사람의 결혼생활은 과연 어떠했을까. 결혼 후 두 사람 사이에는 3명의 자식이 있었다. 오쓰네는 모리가 부임한 곳에 항상 동행했으며 영국 공사公使 시절에는 오쓰네도 빅토리아 여왕을 알현하는 등 서구식의 사교적인 부부관계를 연출하고 있었다. 그러나 결국 1886년 11년간의 결혼생활 후, 모리는 오쓰네와 합의 이혼을 단행했다. 그 원인은 런던 체재 중 오쓰네가 영국인 남성과 불륜 사건을 일으켰기 때문이라고 전해지지만 자세한 것은 잘 모른다. 이누쓰카 다카아키犬塚孝明에 따르면, 모리 비서관의 기록 중에 다음과 같은 모리의 회고가 남아있다고 한다.

> 일본식 유교 교육을 받지 못한 여성에게 그런 일을 했던 것은 내 실수였다. 일본 여성을 그런 식으로 다룬 것이 나빴다. 그녀가 이혼을 못할 것이라고 생각했기 때문에 나는 어처구니없는 일을 당했다.[28)]

남성 측의 일방적인 의견을 전부 믿기는 어렵다. 오쓰네 측의

28) 犬塚孝明, 『森有禮』, 吉川弘文館, 1986, 275면.

사정은 어떠했는지 그녀 자신의 발언 기록이 없기 때문에 알 수 없지만, 그 대변으로 볼 수 있는 견해가 그 부부와 친분을 맺고 지냈던 쓰다 우메코에 의해 전해진다. 아래의 글은 1887년 2월 란만Ranman에게 보낸 편지의 일부이다.

> 모리부인이 이상해진 것은 어떤 이유에서인지 잘 모르겠습니다만 그녀는 이혼한 모양입니다. 정신이 좀 이상하다고 해서 남편 집에서 멀리 떨어진 곳에 살았던 모양입니다. 1년 정도 떨어져 살다가 최근에 이혼한 모양입니다. 모리 씨는 그런 일을 할 사람이 아니기 때문에 여러 가지 소문이 돌고 있습니다. 그는 서양식으로 결혼한 최초의 인물이며, 결혼식장에서 많은 증인들 앞에서 서약한 내용이 있는데, 부인의 머리가 이상해졌다는 이유만으로 이혼을 했을까요. 여러 가지 소문들 중에는 그녀가 바람을 피웠다는 이야기도 있습니다. 그리고 그 일이 그녀를 미치게 만들었는데 남편이 그것을 발견한 것이 그녀가 미친 원인이라고 전해집니다. 소문이 꼬리에 꼬리를 물고 나돌고 있어 어디까지가 진실인지는 모르겠습니다. 지금도 그 진상은 모르는 채로 있습니다. 어느 쪽에 문제가 있었는지 모른다고 해도 대개 여성 쪽을 나쁘게 말하고 그 책임이 여자한테 있다고 말합니다. 너무하다고 생각합니다.[29)]

쓰다 우메코는 진상은 알 수 없다고 하면서 여성을 버리고 남성중심주의가 모든 것을 움직이는 혼인 형태에 대한 위화감을 나타내고 있다. 그렇지만 합리주의자인 모리 입장에서 보면 자신의

29) 大庭みな子, 『津田梅子』, 朝日新聞社, 1993, 159~160면.

이념인 일부일처제 가족제도에서의 여성 역할에 오쓰네는 미숙했으며 그에 적격치 못했다고 본 것이다. 오쓰네는 이혼 충격으로 정신병을 앓았으며 계속 병상에서 지냈다고 전해진다. 한편 모리는 불과 7개월 후 이와쿠라 도모미岩倉具視의 딸이자 17살 연하인 히로코寬子와 재혼했다.

서구적 방식의 결혼이었지만 모리의 결혼 생활 좌절은 그가 주장한 부부동등을 설득하는 것처럼 보이는 젠더론이 당시 여성의 현실을 무시한 지식인 남성의 관념의 산물이었고, 그 관념에 놀아난 여성은 희생을 강요당했다는 것이 드러난다. 그러나 남성들은 이러한 희생을 눈앞에서 보고도 여성부재의 젠더론 전개가 얼마나 이상한 것인지를 결코 인식하려 하지 않았다. 그들은 오히려 여성의 미숙함을 우려했으며 자신들의 기대에 맞는 여성을 육성할 필요성을 더욱 통감한다. 이러한 식으로 '여성'이 빠진 여성 교육 논쟁에 남성 지식인들이 관여하는 사태는 이후에도 식을 줄 몰랐다.

3. 탈아입구脫亞入歐와 여성 교육

메이로쿠사에 결집한 남성 지식인이 젠더문제에 강한 관심을 가진 이유는 앞에서 지적한 것처럼 남녀동권론자였기 때문이 아니라 국가형성에 어떻게 여성의 힘을 이용할까하는 문제의식이 절실했기 때문이다. 서구 유학자였던 그들의 대부분은 서양자본주의를 지탱하는 기반으로서 성별 역할분업가족의 저력을 체험하고 있었고 동양의 제국諸國들의 국력 저하 원인으로 여성의 열악한 지위와 그에 만족하며 살고 있는 여성들의 무지하고 몽매한 삶의 방식에 강한 위기감을 느끼고 있었다.

일본의 근대화는 식민지 상황에 놓인 약자 입장인 동양에서 탈피하여 강자로서의 세계를 지배하는 서양을 추종하는 것이 지상과제였다. 후쿠자와 유키치를 비롯한 유학생들은 유럽을 오가는 길에 아시아 나라들을 둘러보았는데, 그 때 서양인에게 혹사당하고 있는 동양인의 비참한 모습을 목격하게 된다. 후쿠자와는 다음과 같이 그 때의 감상을 적나라하게 적고 있다.

> 배를 타고 인도에 와보니 영국인들이 그들의 해안 관할 지역에 상륙해 있다. 지나支那[30] 지방에서도 그 권세가 전부 그들에게 있는 것을 보았고 이러한 상황에 대해서 모두가 방약무인傍若無人이다. 동등한 인간으로 대우하고 있다고는 생각할 수 없다. 당시 우리들도 이러한 상황을 보고 (…중략…) 한편으로는 불쌍하기도 하면서도 또 한편으로는 부럽기까지 하다. 우리 일본도 언젠가 한 번은 일본의 국위를 떨쳐 인도나 지나인을 마음대로 다룰 수 있도록 영국인을 모방해야 할 뿐만 아니라 그 영국인들도 꾸짖어 동양의 실권을 우리 손에 쥐어야 할 것이다.[31]

30) 지나는 지금의 중국 본토의 다른 명칭이다. 리얼리티를 살리기 위해 중국이라 번역하지 않고 그대로 사용했다(역자 주).

31) 「時事新報」(1882年12月11日号), 『福澤諭吉全集』 第8卷, 岩波書店, 1960, 436면.

후쿠자와가 메이지 정부의 '탈아입구' 이데올로기의 대변자라 말할 수 있는 『탈아론脫亞論』의 저자가 된 원原체험을 이곳에서 읽어낼 수 있을 것이다. 그는 서양인의 동양인 멸시에 대해 분노를 느끼기는커녕 하루빨리 그 멸시를 동일화하여 이후 그렇게 멸시받는 동양으로부터 탈출하는 것에 전념했다. 후쿠자와가 가장 두려워한 것은 지리적 위치 때문에 서양인의 눈에 비친 일본이 중국과 조선과 동일하게 보인다는 점이었다는 것이 다음과 같은 말에서 분명해진다.

후쿠자와 유키치(福澤 諭吉) 초상화

예를 들면 지나나 조선 정부가 전제정치로 말미암아 법이 무용지물인데, 서양인의 눈에는 일본도 또한 법률이 없는 국가로 의심받게 된다. 지나와 조선의 관리자가 과학에 대해 무지하면 서양 학자는 일본도 음양오행을 믿는 국가로 취급한다. 지나인이 비굴하고 부끄러움을 모른다면 일본인도 그 때문에 의심받고, 조선이 사형을 실시하는 무참한 국가인데 일본인도 이처럼 무정하다고 본다. 이러한 사례를 열거하자면 끝이 없다.[32]

32)「脫亞論」,『福澤諭吉全集』第10卷, 239면.

이와 같은 문장에서 판단해보면 후쿠자와가 천부인권론을 비롯해 서양적 근대 이념을 성급하게 도입한 것도 일본민중을 위한 인권론을 제창한 것이 아니라 근대국가의 체제를 정비하여 중국과 조선과의 차이를 서양에게 인식시키기 위해서였다고 생각할 수 있다. 남녀동권론 또한 마찬가지이다. 후쿠자와는 1870년 다음과 같이 논하고 있다.

> 인륜의 근본은 부부이다. 부부가 있어야 부모자식이 있다. 형제자매가 있다. 천하에 인간이 생겨나고 천지가 개벽할 때 남자와 여성으로 시작했다. 수천만 년의 세월을 지냈어도 그 비율이 같은 것을 보면 알 수 있다. 또한 남자든 여성이든 평등하게 한 사람의 인간적 존재이므로 경중을 따질 수가 없다. 옛날의 지나와 일본의 풍속을 보면 한 남자가 첩을 두기도 하고 부인을 하녀나 죄인 다루 듯하며 이를 부끄러운 것이라는 자각이 없었다. 천박하기 이를 데가 없다. 한 집안의 가장이 부인을 멸시하면 그 자식이 배워 어머니를 무시하고 어머니의 가르침을 중시하지 않는다. 어머니의 가르침을 중시하지 않으면 어머니가 있어도 없는 것과 같다. 고아와 다를 바가 없다. 남자는 밖에서 일하기 바빠 집안에 있는 시간이 드문데 누가 그 자식을 교육한단 말인가. 슬프다 하더라도 이보다 더 슬픈 일이 있으랴.[33]

여기서도 일본의 풍속을 중국의 그것과 동일한 선상에서 비판하고 있다. 그러나 1872년부터 개시한 『학문의 권장』(제13편)에는

33) 「中津留別の書」, 『福澤諭吉全集』 第20卷, 50면.

남존여비관의 원천인 공자를 비판의 대상으로 한다.

공자가 '여성과 소인小人은 어찌할 수가 없다. 정말 곤란한 존재들이다'라고 한탄한 일이 있다. 그러나 공자는 자신의 가르침에 의해 자신이 그 폐해에 혼나고 있는 것이다. 왜냐하면 인간의 본성은 남성이든 여성이든 다르지 않기 때문이다. 또한 소인은 하층 사람들을 말하지만 소인의 자식으로 태어난 사람이 하등한 인간이라고 신으로부터 정해진 것도 아니다. 하인도 귀족도 출생에는 아무런 차이가 없다는 것은 두 말할 나위도 없다. 그런데도 이러한 여성과 소인에게만 한정하여 처치곤란하다고 말한 것은 어떠한 이유인가. 예로부터 동양의 도덕에는 백성 전체에게 비굴한 정신만을 철저하게 주입하고, 특히 힘없는 여성이나 소인의 자유를 속박하여 그들에게 자유를 주지 않았던 것이다. 때문에 습관이 마침내 본성처럼 되어 비뚤어진 근성을 소유하게 된 것이다. 그래서 결국 그 대단한 공자마저도 단념하기에 이르렀던 것이다. 그렇다면 오히려 공자의 유교 그 자체를 죄라 할 것이다. 원래 인간은 성질상 활동의 자유를 빼앗기면 그 결과 반드시 타인을 잘못 이해하게 되는 것은 어쩌면 당연하다. 원인이 있으면 결과가 있고 원인에 따라 보복이 있는 것은 당연한 이치일 것이다. 바꿔 말하면 보리를 심으면 보리가 나는 것과 같은 이치이다. 가령 성인이라 일컬어지는 공자가 이런 뻔한 이치를 모르고 별다른 묘안도 없이 그저 푸념만 늘어놓는 것은 너무 어리석지 않은가.[34)]

34)「學問のすすめ 第13篇」,『福澤諭吉全集』第3卷, 112면.

또한 다른 장章에서도 유교뿐만 아니라 불교의 여인 5가지 장애설障碍說을 비롯한 남존여비관을 신랄하게 비판하고 있다. 이러한 동양적인 남존여비관에 대하여 후쿠자와 이외의 다른 유학생들도 국가적 견지에서 그 폐해를 걱정하고 있었다.

그러나 이러한 위구危懼조차 느끼지 못하고 오랜 전통인 남존여비사상을 견지하여 중국이나 조선을 멸시하는 사상을 갖게 된 것은 다음과 같은 쓰다 마미치의 기술에서 알 수 있다.

> 법률적으로 부부의 권한이 동등하지 않다고 하지만 풍속과 습관 부분에서 부부의 교제는 옛부터 동등하게 대했으며 귀하고 천함이 없었다. 생각컨대 동방아시아의 옛 풍속이라고 하지만 부부는 그에 필적하는 예의를 갖추었으며 이에 의심을 갖는 사람은 없다. 단 아시아인은 여성을 굴복시키고 민법상에서도 남녀동등권을 인정하고 있지 않다. 특히 지나인의 폐해를 보면 부부 사이에 이를 철저히 감추고 부인의 외부인과의 교제는 더욱이 없다. 마치 죄인처럼 다루고 있는 것이다. 이것은 극히 악풍인 것이다.[35]

일본의 전통적 남녀관의 폐해를 논하면서 여성의 지위 개선을 호소하는 그들의 레토릭으로서 가장 여성을 멸시하는 나라로 중국을 등장시키는 것은 주목할 만하다. 말할 것도 없이 아시아의 대국이었던 중국은 국력 쇠퇴 때문에 열강의 제국주의적 야망의 먹이가 되었고 그와 같은 위기에 직면하고 있었던 일본에게는 본

---

35)「明六雜誌 第20号」,『明治文化全集』第5卷, 226면.

받아서는 안 되는 나라였던 것이다.

그렇기 때문에 일본과 중국의 유사성을 설명하는 데는 계몽지식인들만큼 동양적 남존여비관의 피폐를 생각하기보다는 일부다처一夫多妻제를 반성하지 않는 다른 권력자에 대한 비판적 의미만을 포함하고 있었다. 그와 함께 여성의 지위 개선을 주장함으로써 다른 아시아 여러 나라보다 우월한 근대국가 체제를 정비해야 한다는 그들의 그럴듯한 야망을 읽어낼 필요가 있다.

일본이 서구 여러 나라에 비해서도 신속하다고 할 만큼 여성교육을 시도한 배경에는 당시 일본이 당면했던 상황이 눈에 띈다. 메이로쿠사의 일원이기도 했던 나카무라 마사나오中村正直는 여성교육의 필요성을 열심히 토로했다.

그 이유는 먼저 유학 당시 영국인인 어머니에게서 배운 지식과 식견이 높았기 때문이다. 그리고 영국의 국력이 여성과 관계가 있다는 것을 느꼈다는 점, 그리고 일본 여성들의 지금 지위 상태로는 일본이 도저히 외국과 경쟁할 수 없다는 것을 통감했던 것이다. 크리스천으로서 종교 활동이나 교육 부문에서 여성의 저력을 높이 평가한 나카무라는 교양 레벨에서의 남녀동등이야말로 국력의 원천이 된다고 보고 다음과 같이 기술한다.

> 동권同權이냐 아니냐는 일단 차치해 두더라도 남녀의 교양이라는 것은 동등해야 한다. 인류 전체의 지위를 높이고 정화를 위해서는 남녀가 함께 하나가 되어 수양을 쌓고 그를 바탕으로 동등하게 진보해 나가야 한다. 순정純情한 부인은 순청純淸한 남편과 동반해야 한다. 선덕善德의 율律은 남녀 차별 없이 함께 준용되어야 함은 물론이다. 그 선덕의 종류

에는 많은 것들이 있는데 가장 중요한 것은 사랑愛의 덕목이다. 시인 브라우닝Elizabeth Barrett Browning[36]의 명언을 인용하면 진짜 사랑은 지식을 이긴다고 한다. 널리 천하의 인간들을 보면 하늘이 주신 재주와 지식을 많이 가진 사람은 진실로 애정의 깊이를 알고 애정이 깊은 사람은 지식의 깊이를 아는 사람이라고 할 수 있을 것이다. 깊은 애정이 있는 여성은 남편에게 복지와 안락을 향유케 하며 나라를 위하여 유익한 사업을 이루게 한다.[37]

여성 교육을 충실히 해두면 남성에게 플러스가 된다는 것, 그리고 그것이 나아가서는 국가를 위해 유용하게 된다고 역설하고 있다. 이것은 반대로 일반적 견해가 오히려 여성 교육은 남성에게 있어서 마이너스이며 국가 입장에서는 아무런 도움도 되지 않는다는 논조가 깔려있다. 그렇기 때문에 나카무라도 이러한 의견을 무마시키기 위한 논거로서 중국을 또다시 빌미로 해서 "그렇기 때문에 중국의 학자들이 이 일을 확대시키지 않고 남성을 오로지 존중하게 한다. 이러한 큰 곤혹을 우리는 요즘 이해할 수 있다"고 비판하고 있다.

나카무라는 자신의 지론을 실천하기 위해 1874년 가을부터 자신이 운영하는 사숙私塾 동인사同人社에 여성 입학을 허가했다. 모리 아리노리의 계약결혼처럼 당시의 계몽사상가들은 그들의 주장을 실천하기 위해 적극적으로 행동하고 있었다. 이 사숙 동인

36) 영국의 대표 여류 시인으로 사회문제와 여성문제를 다룬 저서를 남겼다. 『구이디별장의 창』(1851)은 이탈리아의 독립에 대한 동정을 노래한 시이다(역자 주).
37) 「明六雜誌 第33号」, 『明治文化全集』 第5卷, 212~213면.

사에 다니고 있었던 여학생 중에는 야마카와 기쿠에山川菊榮[38]의 어머니 치요千世가 있었다. 야마카와는 '여성 2세대 기록'에서 나카무라 마사나오를 높이 평가한다. 이 시대에 여성의 문맹에 반대하여 여성의 교육기회 특히 고등교육 기회를 부여한 것을 긍정한다. 이것은 메이지 중엽 이래 여성고등교육에 반대한 현모양처주의뿐만 아니라 봉건시대의 문맹주의를 타파하려는 적극적인 의미가 포함되었다[39]고 보았다.

야마카와는 치요에 대한 기억 중의 하나로 나카무라 마사나오가 가장 먼저 일본에서 '현모양처'라는 단어를 사용했다고 기술하고 있다. 그녀가 지적하듯이 나카무라가 주장한 현모양처주의는 탈아입구를 위한 것으로 메이지 중기 이후 국수주의와 연동하여 주장된 현모양처주의와는 다름을 여기서 주목할 필요가 있다. 나카무라 마사나오의 연구가인 다카하시 마사오高橋昌郎에 의하면, 나카무라가 만든 여학교는 존 스튜어트 밀John Stuart Mill의 『남녀동권론男女同權論』·『대의정체론代議政體論』을 텍스트로 활용하면서 여성의 정치적 계몽을 준비하는 등 당시의 다른 여학교에서는 볼 수 없는 개방적인 것이었다고 말한다.

그렇지만 나카무라가 『서양품행론西洋品行論』에서 기술한 내용을 보면 나카무라에게 남녀동권이라는 것은 어디까지나 남녀가 서로 자유롭게 사랑한다는 것이며 남성은 일에 헌신하며 여성은

---

38) 일본의 평론가이며 부인문제婦人問題 연구가이다. 일본의 부인문제는 '후진 몬다이'라 부르며 이 방면에 처음으로 문제제기를 한 여성이다. 여성해방운동의 사상적 원점이라고도 여겨진다(역자 주).

39) 山川菊榮, 『おんな二代の記』, 平凡社, 1972, 34면.

내조를 잘해야 한다고 주장하는 것을 놓쳐서는 안 될 것이다.[40]

메이지 초기 여성 교육이 탈아입구 정책과 연결된 요인 중의 하나가 선교사들이 여성 교육에 적극적으로 관여하고 있었던 것을 들 수 있다. 1873년 크리스트교가 해금된 해까지 일본에 건너온 선교사나 그 가족은 영어교육 사업에 전념하고 있었는데, 그 과정에서 그들은 일본의 근대화를 위해서는 여성 교육이 급선무임을 알고 있었다. 1870년 미국 선교사 메리 기다Mary. E. Kidder[41]가 요코하마에 학원을 차렸다. 처음에는 남녀공학이었는데 1년 후부터는 여학생만 입학을 허가했다.

이것이 페리스여학원Ferris University의 전신이다. 학교는 미국 본국의 크리스트교회의 원조를 받아 급속히 그 체제를 정비해갔다.

초창기 일본의 여성 교육기관이 서구의 크리스트교 업계의 기부나 원조에 크게 의존하고 있었던 것은 결코 무시할 수 없다. 그것은 첫째 일본의 남존여비풍토에서는 여성 교육을 실현시킬 수 있는 기반이 없었음을 시사한다. 또한 다른 관점에서 본다면 탈아입구를 꾀하는 계몽지식인들에게는 암묵적으로 크리스트교적 교양을 갖춘 여성이 근대화의 증거로서 필요했을 것이라고 생각된다. 동양적 남존여비관뿐만 아니라 서양적 성별 역할분업관(남녀동권론은 빼고)이 아시아의 다른 나라들보다 먼저 근대화의 길을 걸으

---

40) 高橋昌郎, 『中村敬子』, 吉川弘文館, 1966, 161면.

41) 미국 버몬트 주State of Vermont에서 출생했다. 교사로서 그리고 개혁파교회의 선교사로서 전도와 교육 사업에 일생을 바쳤다. 1869년에 일본 선교사의 개척자인 브라운S. R. Brown의 추천으로 일본으로 건너가 1870년에 페리스여학원을 설립하였다. 일본에서의 여성 교육에 대한 정열은 『기다 서간집キダー書簡集』에 잘 나타나있다(역자 주).

려 했던 일본의 젠더이데올로기에 어울린다고 그들은 판단했던 것이다. 그래서 그들은 남녀의 관념적 평등, 일부일처제 남녀의 사랑 등을 가르치는 크리스트교 교육에 비교적 관용적이었다.

오쿠다 아키코奥田曉子도 지적하듯이 당시 도입된 크리스트교 교육은 빅토리아 시대의 '중산계급적'인 것으로 결코 여성의 실체를 인식한 주장은 아니었다.[42] 그러나 그것은 전통적 일본의 풍토와 이질적인 것이었기 때문에 문화혁명의 방향성을 예감하게 했고 새로운 가치관을 찾으려는 당시의 지식인들을 매료시키고 있었다. 다음 장에서 논하겠지만 지배체제측은 점차로 크리스트교에 내포되어 있는 자유주의적 경향을 경계하기 시작했다. 그러나 반체제 경향을 가진 젊은 지식인들은 오히려 시대의 첨단을 걷는다는 자부를 가지고 여성 교육의 필요성을 주장했던 것이다.

그 중에서도 당시 매우 눈에 띈 것은 크리스트교적 여성 계몽잡지 『여학잡지女學雜誌』에 모인 이와모토 센지巖本善治를 비롯한 지식인들이었다. 1885년에 간행한 창간호의 발행취지에서 그들의 의욕을 읽어 낼 수 있다.

> 서양학자들 말에 그 나라 여성들의 지위를 보면 그 나라 문명 수준을 알 수 있다고 한다. 우리 나라 현재의 여성들을 보면 일본은 아직 개화한 나라라고 볼 수 없다는 것이다. 이에 대해 지금은 변명할 여지가 없다. 우리들은 평생 이를 잘 새겨야 하며 우리 어머니 · 우리 자매들 · 우리 부인들이 왜 경시당하지 않으면 안 되는가 그 걱정 때문에 여기 『여

42) 奥田曉子, 「近代と伝統の相克」, 『宗教の中の女性史』(奥田 編), 青弓社, 1993, 141면.

학잡지』를 발간하는 것은 오로지 부인개량에 힘 쏟을 것을 목표로 한다. 서구의 여권女權과 우리 나라 종래의 여덕女德을 합친 완벽한 모범을 만들지 않으면 안 된다.[43)]

당시 이와모토가 '여학女學'이라는 새로운 분야에 건 기대는 진지함 그 자체였다고 말할 수 있다. 이와모토의 '여학 해설'에 의하면 '여학'이라는 것은 단순히 '여성 학문'·'여성 교육'이 아니라 '여성에 관한 하나의 과학'을 의미하고 있었다. 그들은 문명국가에 어울리지 않는 일본 여성의 열악한 지위를 우려하여 그 지위 개선과 여성들 자신의 의식각성을 진정으로 실행한다는 것을 나타내고 있었다. 그렇지만 그들에게 선의가 얼마나 있었는가는 별개로 이러한 '남성주도형 여성론'은 결국 여성을 수동적인 존재로 만드는 것이었다. 과감하게 펼쳐진 여성 교육 논쟁도 어떠한 젠더 질서가 메이지 국가에 필요한가라는 문제를 둘러싼 남성 간의 논쟁으로 이곳에 여성들의 의견이 들어갈 여지는 없었던 것이다.

그렇기 때문에 그들은 여성 자신에 의한 여권론 주장에 대해서 공공연하게 반대했다. 예를 들면 『여학잡지』 8호에 '부녀의 책임'이라는 제목으로 다음과 같이 적고 있다.

서구에서 여성이 지나치게 권리를 요구함으로써 오히려 폐해가 생겨나고 있다. 여성이 남성을 부릴 수 있다는 망상을 갖기도 한다. 또한 너

43) 『女學雜誌』 第1号, 復刻版, 臨川書店, 1984, 3면.

무 교만해져서 남편을 복종시킬 수 있다고 생각한다. 생각건대 원래 여성은 여성다운 지위를 너무 지나치게 요구하면 그 책임을 감수해야 할 뿐만 아니라 여성들을 너무 선동하여 진정한 지위를 모르게 하는 개혁자는 '헛된 일을 벌인 죄'가 있다는 것을 알아야한다.[44]

남성주도로 개혁이 이루어져야 한다는 의식이 농후하게 나타나고 있는 것이 참으로 흥미롭다. 여성 교육이라고는 하지만 여성을 위한 교육이 결코 아니고, 국가적 견지에서 어떻게 여성을 유용하게 이용할 수 있을지에 역점을 두고 있는 이상 그 교육 내용은 남성들의 형편에 맞추어질 수밖에 없고 남성들 요구 변화에 맞추어 젠더화 권력기관으로서의 여성 교육 목표도 변해가는 것은 필연적인 일이었다. 개명기開明期의 여성 교육의 창도자인 모리 아리노리는 1885년에 초대 문교부장관으로 취임해 "국가부강의 근본은 교육에 있다. 교육의 근본은 여성 교육에 있다. 여성 교육의 여부는 국가의 안위安危에 관계한다는 것을 잊어서는 안 된다"[45]라고 말하며 국가주의교육으로 전환할 것을 명령하였다.

모리의 국가주의는 당시 이미 고개를 들고 있었던 국체주의 이데올로기와는 구분이 가능했으며 오히려 서구유학체험 당시의 크리스트교 신비주의 국가주의에 유래하고 있다는 설도 있다.[46] 그렇지만 둘 다 남성중심논리에 근거하고 있음은 변함없다.

---

44)『女學雜誌』第 8 号, 4면.

45) 藤井治枝他,『女の教育百年』, 三省堂, 1977, 48면.

46) 安藤重和,「幕末維新のイギリス留學生たち」,『異文化との出會い』(富田仁 編), 三修社, 1986, 36면.

이러한 남성주도 이론의 애로隘路에 있으면서 어떻게 하면 여성 자신의 아이덴티티를 형성할 수 있는가라는 문제는 그 시대마다 여성들의 고뇌와 자립을 위한 투쟁이 전개된다. 이와 같이 일본의 국가정책이 변화해 가는 동시에 일본사회가 요구하는 젠더 질서도 변화하고 있었고 시대를 지배하는 젠더이데올로기도 대폭적으로 변해간다.

4. 국수주의와 여성 교육

메이지 초기 계몽지식인들이 제창한 서양 크리스트교적 젠더관은 결국 단기간적인 것이었기 때문에 교육의 주류를 이루지 못했다. 그 이유는 메이지 국가체제가 정비됨에 따라 만세일계万世一系[47]의 천황제 국가라는 근대 일본의 지상 과제가 급부상하고 있었기 때문이다.

유일신 신앙을 중심에 둔 크리스트교가 천황제 국가와 서로 맞지 않는다는 것이 분명해지면서 외국인 크리스트교 선교사들은 점차 감소했다. 초기에 창립되었던 미션스쿨은 존속했지만, 그것

47) 만세일계万世一系는 천황에 관한 정치적 · 역사적 이데올로기의 일종이다. 일본은 신神의 자손인 천황이 지배하는 나라로 타국처럼 혁명이나 왕조의 단절 경험 없이 통치해 왔다는 역사관에 기초하여 천황의 계통이 영속되고 있다고 주장하는 논리다(역자 주).

들도 크리스트교가 내포하고 있던 문명 변혁 논리는 방향을 잃었고 하나의 제도적 시설로 변질되었다.

일본의 크리스천 인구는 총인구의 2%에 불과한데, 아시아의 다른 나라에 비하면 일본은 크리스트교화에 실패한 나라라고 말할 수 있다. 그러나 교양의 하나로 수입된 크리스트교는 일본의 근대문화에 영향을 주었기 때문에 그 존재를 무시할 수는 없다. 그 이유는 크리스트교가 내포한 자유사상에 대한 메이지 정부의 적의敵意와 탄압이 있었기 때문이다. 이러한 정부의 방침에 대해 저항은커녕 대부분의 미션스쿨은 문부성의 관할로 편입되었고 교양으로서의 크리스트교 유포의 일익을 담당하게 되었다.

문명개화기의 여성의 역할을 한정적이기는 하지만 인정하려고 했던 계몽지식인들의 서양적 젠더관은 결국 시대의 유산아流産兒가 되었다. 계몽지식인들의 서양적 젠더관 제기에 대해 일찍이 가토 히로유키加藤弘之가 반론했는데, 그 움직임이 전면에 나타나게 된 것은 1870년대 후반부터이다. 서구주의의 실현 불가능은 서구와는 또 다른 이질적인 천황제 중심의 일본적 근대화를 정당화하기 위한 이데올로기 창출로 변질되기 시작한 시대이다. 그리고 우선 비판의 대상이 되었던 일본의 전통적 가치관이 재평가되기 시작했다. 전통적 가치관을 내셔널리즘과 연결하여 서구보다 우월한 일본적 근대 자기주장이 생겨나게 되었다. 이러한 경향은 당연하다면 당연하겠지만 젠더관 재편과도 연결되어 갔다.

1890년 전후에 내무성 사사국社寺局48)에서 제사와 종교의 분리

48) 메이지 정부의 행정 부서 이름이다. 신사神社 및 사원寺院에 관한 행정을 도맡았다. 원래 1877년 교부성教部省이 폐지되면서 내무성內務省 안에 두었다. 그

가 획책되었고, 국가신도의 정비가 현실화되기 시작했다. 동시에 크리스트교나 서양 근대사상에 대한 적의가 표면화되고, 가토 히로유키를 대표로 하는 동경제국대학을 중심으로 서구주의 비판이 생겨나면서 국수주의의 부흥이 준비되었다. 그 배경에는 점차 격해지는 자유민권운동自由民權運動[49]에 대한 지적 관료들의 위기의식이 있었다. 호사카 기요시保坂淸는 당시의 지적 관료들이 취한 전략이 일본인의 서양 숭배를 역이용하여 외국인 고용[50] 교수 페놀로사Ernest Francisco Fenollosa[51]에게 일본미술 찬미를 강요하는 교묘한 방법을 썼다고 지적하고 그 사정에 대해 다음과 같이 해설한다.

> 그런데 재야 단체인 용지회龍池會가 외국인 교사 페놀로사를 교묘하게 이용하면서까지 '일본미술 진흥'을 추진하지 않으면 안 되었던 이유

후 1900년 4월에 신사국神社局과 종교국宗教局으로 나누어진다(역자 주).

49) 자유민권운동自由民權運動은 메이지기 일본에서 일어난 정치운동・사회운동의 하나이다. 1874년 민선의원설립건백서民選議院設立建白書 이후 파벌정부 정치관행에 대해 의회의 개설과 지조地租의 경감, 불평등조약의 개정, 언론 집회의 자유 보장 등의 요구를 주장했다. 1890년 제국의회 개설시기까지 계속되었다(역자 주).

50) 고용외국인お雇い外國人은 막부 이후 메이지 초기에 일본정부나 각 부현府縣, 민간民間에 식산흥업殖産興業을 위해 서구의 기술과 학문・제도의 도입을 위해 고용한 서구인을 가리킨다. 더 간단하게 말하자면 일본에서 서구로부터 새로운 기술이나 지식을 배우기 위해 고용한 인물을 가리킨다(역자 주).

51) 미국의 철학자이며 미술연구가이다. 일본미술의 아버지라고 불렸다. 1878년 동경대학에 초빙되어 경제학과 철학을 강의했다. 일본화日本畵의 쇠퇴를 걱정하여 1884년 오카쿠라 덴신岡倉天心과 함께 감화회鑑畵會를 결성하였다. 1886년 동경대학을 그만두고 동경미술학교東京美術學校에서 심미학審美學을 강의하며 일본양화에 커다란 영향을 미쳤다. 1890년에 미국으로 돌아가 보스턴미술관 주관이 되어 동양미술을 소개했다. 1896년 다시 일본으로 건너가 동경고등사범학교에서 교편을 잡았고, 노能를 영어로 번역하기도 하였다(역자 주).

는 두 가지가 있었다고 생각한다. 하나는 앞에서도 지적한 바와 같이 그 시대의 헌법에는 명시되어 있지 않았고 교육칙어에도 그 법률이 없었던 것이다. 밀려들어오는 외국문화와 종교들 사이에서 일본문화와 일본정신 나아가서 일본인의 아이덴티티를 어떻게 지켜내어 키울 수 있는가 하는 문제에 대해 당장 활용할 수 있는 가장 유효하고 구체적인 수단으로써 전통 일본미술 이외에는 아무 것도 눈에 띄지 않았다는 사실이다. 일본미술이야말로 누구라도 알 수 있는 일본정신의 상징이며 일본문화의 정수였기 때문이다.[52)]

호사카에 의하면 페놀로사를 둘러싼 이러한 술책에 가담하고 있었던 것이 오카쿠라 텐신岡倉天心이다. 오카쿠라를 중심으로 서양에 대항하면서 동양에 군림하는 일본미술의 우위를 주창하는 국수주의적 미학 이데올로기의 방향이 설정되고 있었던 것이다. 페놀로사는 일상을 사실적으로 그려내는 서양풍 유화油畵에 대해 도사土佐・우키요에浮世繪 등 일본 고유 미술의 우수성을 주장했다. 이러한 미의식은 일상성을 넘어 비일상非日常에 가치를 부여하는 것으로서 유곽遊廓 문화를 긍정하는 것으로 연결되어 결과적으로 일본적인 일부다처제를 다시 미학적으로 재평가해가는 시대풍조를 조성했다.

외국인에게 일본을 찬미하게 하는 교묘한 전략을 취한 동경제국대학은 일본적 근대화의 방향성을 명확히 하려고 계몽주의자에 의해 도입된 근대이념을 배척하고 천황제 국가이데올로기를

52) 保坂清, 『フェノロサ』, 河出書房新社, 1989, 162면.

정당화하는 국체이데올로기 형성을 향해 전력을 다했다.

가토 히로유키는 메이로쿠사에 속한 자유론자였는데, 1882년 『인권신설人權新說』을 저술하고 계몽사상의 사상적 기반인 천부인권론을 철저하게 비판했다. 가토는 당시 시대사상이었던 진화론을 사상적 배경으로 하고 있었다. 그것은 봉건적 신분질서 해체를 촉진하고 약육강식의 자본주의 이론을 정착시키기 위한 가장 적절한 이론이었다.

서구적인 남녀동권론에 반대했던 가토는 천부인권론을 능가하는 진화론을 활용하여 약자인 여성이 강자인 남성에게 정복당하는 것은 필연적인 것이라고 주장하였으며 계몽주의적 남녀동권론을 부정했다.

천황 정치를 이론화하고 세계 속에서의 일본의 위치를 명확히 하기 위한 국체론은 동경제국대학 법학부를 중심으로 국학·신도·유학·서구사상들을 총동원하여 형성된 것이다. 중심적 이데올로기스트ideologist가 된 헌법학자 호즈미 야쓰카穗積八束는 다음과 같이 기술한다.

> 국가주권은 만세일계의 황위에 있다. 이를 우리는 국체로 한다. (…중략…) 우리 민족은 동일한 조상의 혈연관계로 이어져왔으며 만세일계의 황위, 즉 민족의 시조인 천조天祖의 영위를 추도하고, 신성한 황위를 숭배하며 그 위엄 아래 동족의 친화단결을 이룬다. 이는 천 년 이래의 역사적 성과이며 날마다 국운을 신장시키기를 바란다. 이것이야 말로 내가 사랑하는 일본 정신이다.53)

여기서 논하고 있는 국체론은 3백 년의 봉건적 질서 안에서 지역 분산적이었던 종족적 심성에 길들여져 있는 민중에게 중앙 정부로의 지향성, 국민국가로의 귀속의식을 가르쳐 천황에게 봉사하는 것이 의무라는 의식을 가진 신민주체의 형성에 공헌했다. 이것이 바로 일본 근대화를 위한 중심적 이데올로기였던 것이다.

봉건적 신분질서를 폐지하고 천황을 정점에 두고 그 아래에 만민평등이라고 내세운 국체론은 서구에 대항하기 위한 근대화론으로서 형성되었다. 그것은 당시 지식을 갈구했던 지식인들에게 퍼져나가기 시작했던 크리스트교를 배격하게 하였으며 자유민권운동에 대해서는 국가권력에 의한 탄압의 정당화논리로 사용되었다. 그것은 절대천황제 아래에서의 만민평등론으로 서구적인 자립·평등·권리 요구를 흡수한 색다른 형태의 변용이며 강력한 여과장치였다고 말할 수 있을 것이다. 이 문제에 관해서는 제3장에서 다시 검토하기로 한다.

메이지천황에게 학문을 가르쳤으며 국체론의 강력한 이데올로기스트였던 모토다 나가자네元田永孚는 1879년 말에 개화사상을 잔존시켰던 이토 히로부미伊藤博文의 『교육의敎育議』를 강하게 비판한다. 국체론의 중핵은 만세일계의 천황에 의한 신국사상神國思想인데, 그것만으로는 사상적 내용이 없기 때문에 모토다는 유교도덕을 채용하자고 주장[54]한다.

---

53) 穗積八束, 「憲法の精神」, 『近代日本思想体系30·明治思想集』 II, 筑摩書房, 1977, 32면.

54) 元田永孚, 「教育議附議」, 『近代日本思想体系31·明治思想集』 I, 筑摩書房, 1976, 268면.

모토다는 종래의 봉건적 인간관계에 근거한 유교를 폐지하고 천황과 신민의 의의를 강조하며 가부장의 권위를 강화하는 일본적 국가주의 유교형성을 꾀했다. 이 노선을 계승한 국가주의적 법률학자들은 새로 천황중심의 가족국가론을 형성하기 위해 매진했다. 1889년에 제정된 '황실전범皇室典範'에는 전통적인 천황제의 '황실규약'에서 인정하고 있었던 여성 천황의 규정을 폐지하고 혈연중시의 남계男系 상속을 결정했다.

이 법률에 대해 찬반은 반반씩이었지만 국가적 가부장제 확립을 위해 일부러 전통을 왜곡한 것이다. 메이지천황제가 얼마나 근대고유의 이데올로기였던가는 여기에서도 잘 알 수 있다.

국가적 가부장제 확립 포석으로서 우선 1871년에 호적법이 제정된다. 성씨姓氏의 확립으로 모든 민중을 가족공동체라는 '평등을 가장한' 강제적 질서 속에 편입시켰다. 나아가서 1880년대 후반부터 1890년대에 이르는 동안 민법 법전 논쟁을 거쳐 1898년에 이에家제도[55]를 중핵으로 하는 메이지 민법이 시행되었다. 민법에 혼을 넣는다는 것으로 이미 1890년대에 총본가의 가장인 천황으로부터 국민이 지켜야 할 도덕으로서 『교육칙어』[56]를 제시하

---

55) 이에제도家制度란 메이지 민법明治民法에 채용된 가족제도이다. 호주를 중심으로 가족을 하나의 가족범위로 규정했는데, 호주에게 한 집안의 통솔권한을 부여했다. 에도 시대에 발달한 무사계급의 가부장제적家父長制的 가족제도를 기초로 했다. 이에家는 호적에 등록된다. 즉 이에에 속하는가 그렇지 않은가의 증명이 그 이에의 호적에 기재된 자인가 아닌가에 달려있다. 이 때문에 민법 조문條文에 '아버지 이에家의 호적에 입적한다' · '이에家의 호적에서 삭제된다'라는 의미를 갖는다(역자 주).

56) 교육에 관한 칙어教育ニ關スル勅語는 영어로 'Imperial Rescript on Education'이며 메이지 시대에 일본 교육의 근간이라는 의미로 발표된 칙어이다. 통상 교육칙어教育勅語라고 부른다. 원안原案은 내각법제국 장관인 이노우에 고와시井上

고 있었다. 법과 교육 정책이 천황제 국가가족주의라는 일본 근대 최대의 이데올로기가 확정되었던 것이다.[57)]

교육칙어가 유교정신에 근거하고 있다는 것이 일반통념인데 야마즈미 마사미山住正己에 의하면 교육칙어 정신은 국체사상으로서 이를 위해 유교도덕이 적절하게 이용당한 것이라고 지적한다. 야마즈미는 유교의 '부부유별夫婦有別'이라는 사상이 '부부상화夫婦相和'로 변용시킨 것에 착목하여 모토다와 함께 기초에 참가한 이노우에 고와시井上毅의 의사가 반영된 것으로 보고 다음과 같이 서술한다.

> 이노우에는 윤리를 유교주의의 점유물로 보는 당시의 상식을 타파하려고 생각했던 인물로 교육칙어 발표 직후 11월 7일부 『일본신문日本新聞』에 익명으로 「윤리와 생리학의 관계」를 게재하였는데, 그 안에 '윤리관계는 원래 인간의 신체생명기관의 구조에 의해 생긴 자연과 인공의 조화'라고 보았다. 동서고금에 상관없이 윤리를 인간의 보편적인 것이라고 보았다. 그는 이를 근거로 오륜 항목 중 부부관계를 첫째로 들며 '부부의 길은 두 사람이 서로 하나의 화합작용을 이루는 것으로 음과 양의 천지작용으로 자손을 낳아 기른다. 이것이 곧 인신人身의 조직구조에 생겨나는 자연의 이치라는 것은 아무도 이의를 제기할 수 없을 것이다'라고 말하며 여기서 남녀와 부부를 설파한 것이다. 이노우에의 이러한 주장은 남녀동권을 배제하는 논리로도 성립되었다. 그렇지만 인신의 자연성에

毅와 추밀樞密 고문관인 모토다 나가자네元田永孚가 기초했고 1890년 10월 30일에 발표했다. 문서가 천황의 말이라는 의미에서 천황 서명이 기재되어 있다. 발표 이후에는 일본 전국 학교에 배부되었다(역자 주).

57) 村上重良, 『近代詔勅集』, 新人物往來社, 1983, 153면.

착목하고 있는 것은 부자나 군신의 관계보다 부부관계를 우선 중시한다는 의미에서 보편에 다가가려는 측면이 있었음에 주목할 필요가 있다.[58]

'부부상합'을 둘러싸고 이후 갖가지 해석이 나왔지만 그것은 결국 부부를 '어떻게 해석해야 하는가'라는 문제와 연결된다. 교육칙어 정신을 도입해 여성 교육을 현모양처교육의 지침으로 사용하려 했던 것은 두 말할 필요가 없다. 여기에는 크리스트교적인 서구나 유교적 동양과는 또 다른 독자적인 일본의 여성관의 의의가 도출되었기 때문이다.

그렇지만 이러한 일본적 여성론의 우위를 주장하기 위해 시모다 우타코下田歌子를 비롯한 여성 교육자가 등용된 것에 주목할 필요가 있다. 일본 찬미를 외국인에게 강요했던 것처럼 일본의 전통적인 여성관 찬미를 여성 자신에게 강요하는 곳에 당시의 문부관료의 교묘함이 엿보인다. 그리고 또한 막말 이래 국가의식의 각성을 공유하면서 배움의 장소를 공급받지 못했던 지적인 여성들은 스스로가 국가주의적 여성 교육의 일익을 담당하게 된 것이다.

이미 막을 수 없을 정도로 흘러들어 오는 서양적 여성론을 전혀 무시하는 것도 아니고, 그것을 단면적으로는 높이 평가하면서도 일본 여성의 미덕을 찬양하여 그녀들에게 아무런 근거도 없는 우월의식을 심어주는 것이 당시 채용된 여성 교육의 레토릭이었다. 그 일단을 당시의 여학교에서 사용하던 텍스트인 미와타 마사코三輪田眞佐子의 여성의 본분에서 확인할 수가 있다. 미와타는

58) 山住正己,『教育勅語』, 朝日新聞社, 1980, 152면.

마쓰야마松山 출신의 남편 모토쓰나元綱와 함께 현모양처교육 추진에 지도적 입장을 취한 여성이다. 그녀는 1901년 미와타여학교를 창립하고 서구주의를 폐지한 유교적 여성덕목의 필요성을 주장하며 가정교육의 대표적인 이데올로기스트로서 활약했다. 미와타는 당시 젊은 여성들의 마음을 사로잡은 일부일처제에 대해 다음과 같이 능숙하게 받아넘겼다.

> 예를 들면 일부일처제는 도리적道理的으로 보면 우리 나라가 신대神代부터 음신陰神・양신陽神의 합치를 들고 있으며 다처多妻의 선례先例를 알지 못한다. 이후 혈통단절을 두려워하여 첩을 두는 풍습이 있었다고는 하지만 원래는 한 남자에 두 명의 부인을 둔 것은 아니다. 이 때문에 우리 나라의 풍속 혹은 여성관을 야만시하는 일도 있다. 사회의 생존을 멀리 통찰해보면 그 변천은 순환하며 고금古今으로 돌아간다. (…중략…) 풍속은 사람이 만드는 것이라면 오늘날의 여성은 고금을 참작하고 동서를 절충하여 선량한 풍조를 만들지 않으면 안 될 것이다.[59)]

미와타는 일본의 신대神代가 일부일처제였다는 것을 강조하는 것으로 봉건시기부터 현재에 이르는 일부다처제를 상대적인 것으로 보고, 여성은 자신의 본분을 견지하여 현재의 풍속과 현상에 현혹되어서는 안 된다는 정신론을 피력했다. 그리고 서구 여성은 재주에 능숙하지만 일본 여성은 덕德이 있다고 찬양한다. 그녀에 의하면 그 덕은 남녀이질론男女異質論의 자각이었다.

59) 三輪田眞佐子, 『女子の本分』, 國光社, 1894, 4면.

그렇지만 잘 생각해보면 여성이 가사에 종사하는 것은 남녀의 천성에서 보아도 자연적 본분이 아닐 수 없다. 그렇기 때문에 여성이 바깥일을 잘하지 못하는 것을 책망하지 못하는 것은 남성이 가사 일을 못하는 것과 같은 이치이다. 실로 인간은 각각 자기가 종사하는 본분에 정통하고, 그 이외에 서툰 것은 결코 피할 수 없는 것이다. 아니 그것이야말로 이익을 가져다준다. 삼종三從의 길도 잘 분석해보면 여성은 세상의 어려운 일을 강한 남성에게 맡기고 자신의 유화한 몸을 안락하게 하는 보호적 역할을 다한다. 유교적 도덕관에 의하여 아내를 내쫓을 수 있었던 칠거지악七去之惡 중 자식을 낳지 못하면 쫓겨난다는 의미는 남성이 비도덕적이라고 볼 수도 있으나, 그것은 오히려 여성의 덕목을 향상시키고 동정을 살필 수 있는 것으로 걱정할 것이 아니라고 본다.[60]

이러한 남녀이질론은 일본의 전통적 남녀관이지만 그것은 당시 도입된 독일의 생식과학적인 성차론性差論을 뒷받침하여 '새로운 의미로써' 강조되었다. 단순히 전통을 강조한 것이 아니라 자의적으로 서구풍속의 정리를 원용하면서 일본전통을 재평가하는 방법은 일본적 국수주의 선전을 위해 유행적으로 채용한 것이었다.

보는 방법에 따라 여성멸시적인 것조차 여성보호를 위한 것으로 해석될 수 있는 약삭빠른 레토릭이 '삼종의 가르침'의 해설이었다.

그녀는 또한 여성의 덕목은 서구에 비해 우월하지만 여성의 본업은 서구에 미치지 못한다고 보는 비교문화학적 관점을 살리는 척하

60) 위의 책, 14면.

면서 동양적 남존여비와 서구적 여존남비를 제시하며 후자 쪽을 격렬하게 비판한다. 그 목적은 남녀동권론을 부정하기 위한 것이었다.

> 물론 나도 여성은 천직을 가지고 이 세상에 태어난다고 생각한다. 따라서 당연히 그에 맞는 행복을 누리며 살아야 한다고 생각한다. 결코 남성에게 억압당하거나 혹은 여성을 물건처럼 취급하는 일이 있어서는 안 될 것이다. 그렇지만 남녀의 자연적인 분업을 어지럽힌다거나 연약한 여성이 강한 남성과 경쟁하는 것은 득책이 없음을 알아야 할 것이다. 보아라, 작은 새조차도 암컷과 수컷의 역할이 있어 암컷은 둥지를 지키고 수컷은 먹이를 구해온다. 이처럼 여성은 여성에게 알맞은 체질과 성질이 있으며 이 세상에 태어난 본의本意가 있는 것이다. 집안은 남성의 전유물이 아니며 여성도 남성과 마찬가지로 국가와 절대적으로 관계없는 것은 또한 아니다.[61]

스스로가 국가주의자라고 했던 미와타는 남녀동권론을 부정하지만 여성의 국가적 역할에 대한 자각의 필요성에 관해서는 목소리를 높이고 있었다. 국가적 역할 자각이 남녀동권론 요구라는 등식이 성립하지 않도록 하는 것이 당시 여성 교육의 고심苦心이었다.

> 서구 여성은 의원선거권마저 요구하고 있다. 작년 9월에 뉴질랜드 여성은 21세 이상이 되면 의원을 선출할 수 있는 권리를 공적으로 허락했다. 그렇지만 왜 내가 이 유행을 따라갈 수 없느냐 하면 일본 여성을 무

61) 위의 책, 212면.

능하게 보기 때문이 아니다. 체제나 심정으로 보아 정치는 여성이 관여해야 할 영역이 아니고 오히려 남성들에게 그 정치에 직접적으로 관여하게 하면서 여성은 간접적으로 의견을 내는 것이라고 생각하기 때문이다. (…중략…) 가치가 작은 신분을 가지고 많은 권리를 얻으려 하는 것은 활을 당기지도 않고 새를 잡으려는 것과 마찬가지인 것이다. 여성은 여성의 덕목을 지키고 여성이 해야 할 일을 하면 서양 여성 몇 배의 행복과 번영을 얻을 것이다.[62]

세계 최초로 여성참정권을 인정한 뉴질랜드를 인용하고 있는 점은 꽤 흥미롭다. 변화하는 세계 흐름 속에서 여성의 과도한 권리의식에 눈뜨기보다 일본의 여성으로서 본분을 지켜 남성과는 다른 형태로 국가에 충성할 수 있는 자기를 형성하도록 유도하는 것이 미와타가 생각하는 당시 여성 교육의 목표였다.

한 국가의 습관 중 좋은 것은 쉽게 버리지 못하는 법이다. 따라서 습관의 도리로 돌아오는 것은 그 나라의 법칙이다. 우리 나라 여성은 태고적부터 온화한 심성을 가지고, 효를 중시하고 정조를 지키며 또한 사람을 대할 때는 양보하는 소질을 가지고 있다. 또한 인내를 가지고 가사를 꾸리며 때로는 직접적으로 천황에게 봉사하며 충의를 다하는 등 몸으로서 나라의 경전 역할을 한다.[63]

자신을 버리면서 타자에게 희생하는 정신은 태고적부터 일본

62) 위의 책, 213면.
63) 위의 책, 210면.

여성이 가진 당연한 것이라며 교화한 것인데, 이 논리는 문명개화 시기의 계몽지식인들에 의해 노예 도덕이라는 비판을 받았다. 그렇지만 서구화 열기가 식어가고, 국수주의가 강화되는 시기에 서구 여성보다도 열등하다고 간주했던 일본 여성에 대한 재평가가 이루어지기 시작한다. 그것은 종래와 같이 여성을 비하하기 때문에 여성의 헌신을 요구하는 것이 아니라 여성에게 덕이 있기 때문에 여성의 헌신은 찬양해야 한다는 담론 전략이었다. 그리고 신공황후神功皇后처럼 국가 공적을 가진 여성을 일본 여성의 우월성의 상징이라고 주장한다.

이러한 국가주의적인 여성 교육은 서구 자본주의의 기반이 된 사랑으로 결합된 성별 역할분업가족을 대신하여 '국가에 헌신하는' 논리로 개념화된 일본적 성별 역할분업가족 형성을 목적으로 삼고 있었다. 일본적 성별 역할분업가족은 서구 근대 가족과 같은 사랑, 신뢰감, 그리고 마음의 평안함이라는 사적 감정의 육성 장소가 아니라 가부장에게 종속을 강요하는 미니 천황제 가족의 형성이었다. 일본 근대화를 위한 국가정책의 산물이 아닐 수 없는 인위적 가족 형태를 유지하는 방향으로 어떻게 하면 여성을 이용할까하는 것이 국가주의적 여성 교육의 중심적 과제였다.

가노 마사나오鹿野正直는 근대 일본의 이에제도 강화는 현실 사회에서 이에를 해체하면서 오히려 그 해체가 은폐를 만드는 장치로서 활용되었다고 지적한다.[64] 서구의 근대화처럼 성숙한 근대 가족과 시민사회를 만들어 가는 길을 회피한 일본은 지조개혁과

64) 鹿野正直, 『戰前・〈家〉の思想』, 創文社, 1983 참조.

징병제 등 전통적 가족이 실질적으로 붕괴해 가는 것에 위기감을 느낀 관료들은 천황을 정점으로 하는 위로부터의 가족환상을 날조함으로서 일본만의 독특한 가족이념을 만들어냈다. 그것은 사적영역에서라기보다는 천황제 단말장치로서의 공적인 색채를 농후하게 가진 장소로서의 가족을 의미했다.

가족이 천황제 국가의 기반이 된 이상, 그 가족의 실질적 담당자가 되는 여성 교육이 중요시되는 것은 어떻게 보면 당연하다. 게다가 여성은 사적 감정을 억압하고 가장 무능력한 입장으로의 전락을 강요받음으로써 국가와 일체화를 실감한다는 도착적인 역할을 수행할 것을 요청받은 것이다. 여기에 근대 일본의 현모양처교육의 독특성이 있다. 가장 비참한 지위에 있으면서 가장 근원적인 역할을 담당한다는 착각을 내면화시키기 위해 일본적 젠더이데올로기가 어떻게 필요했었는지 새삼 통감하지 않을 수 없다.

5. '여성의 힘' 환상 형성

일본적 현모양처교육의 특징은 서구와 같은 개별적인 가족의 애정관계나 행복이미지를 주장하지 않는 곳에 있다. 가족은 국가를 위해 성립된 것이기 때문에 가족의 행복보다 국가에 헌신하는 것을 더 중시하는 것은 불가피하다. 게다가 권위 있는 가장, 그에 종속된 가족이라는 일본적 근대 가족의 형태는 가정을 돌보지 않고 가정 밖에서 쾌락을 찾는 남성들이 존재한다는 현실 앞에서 좀 더 실질적인 내용을 검토할 필요가 대두되었다. 다시 말하면 권위만 휘두르고 실질적으로는 무능한 남성들을 지탱하는 무대 뒤에서 힘을 발휘하는 여성들에 의해 가정이 성립되는 형태였다.

근대국가의 기반으로서 가족의 역할에 주목한 계몽지식인들은 당초 서구형 일부일처제 도입을 찬양했다. 그렇지만 그들은 일부다처제를 포기하지 않는 남성들이 현실적으로 존재하는 것을 감안하면서 이에의 유지에 헌신하는 여성들의 국가적 자각을 기대하기 시작했다. 그 전형적인 인물이 바로 후쿠자와 유키치이다. 그는 일본 남성들의 도덕적 퇴폐와 일부다처제 지향의 극복 필요성을 『품행론』(1885년)과 『남녀교제론』(1886년)에서 주장했지만, 결국 『일본남자론』(1888년)에서는 남성자신들의 자각을 포기하고 일본 여성들의 도덕심을 기대하는 논리로 전환했다.

> 품행이 바르지 못한 부분이 오늘날까지 이어오고 있는 상황 속에서도 빛을 잃지 않고 우리 사회의 영예를 땅에 떨어지지 않게 할 수 있는 것은 무엇일까. 이는 양가집良家 부인들과 여성들에게 달려있다. 오늘날까지 품행을 유지한 우리 부인들과 서양 부인들을 비교해보면 열등한 곳이 없을 뿐만 아니라 더 우월하다고 말할 수 있다. (…중략…) 우리 일본의 빛으로서 자랑스러워 할 것은 여기에 있다. 남성들의 추태를 그대로 내버려 두더라도 일본 여성들의 도덕이 없다면 우리 사회는 암흑세계가 될 것이지만, 다행히도 양가의 부인과 여성들이 이를 막아주고 있다.[65)]

65) 福澤諭吉, 「日本男子論」, 『福澤諭吉全集』 第5卷, 638면.

후쿠자와가 우려한 것은 여성들의 미덕이 문명개화가 진행되면서 남성들처럼 타락해버리지 않을까하는 점이었다. 후쿠자와는 여성들이 타락하면 어떠한 사태가 초래될 것인지를 논하며 탁락한 현실에 안주하는 남성들에게 경종을 울리는 전략을 취했다.

이러한 후쿠자와의 전술은 여성지위의 향상이 현실적인 제도상으로는 아무 것도 없고, 여성들이 남성들의 개심改心을 촉진하는 정도의 도덕성을 간직해 달라는 기대에서 나온 것이었다. 근대사회의 존립을 위해 필요불가결한 일반여성의 성 관리의 필요성을 강조한 것에서 후쿠자와는 실학자적 사상가였음을 알 수 있다.

일본이 세계에 자랑할 만한 도덕적 국가임을 서구나 아시아 여러 나라에게 보일 수 있는 절호의 기회인데, 일본 남성들의 타락은 계몽지식인들의 우려에도 불구하고 그칠 줄을 몰랐다. 뒤에서 논하겠지만 메이지기 공창제도의 강화는 일본남성들의 성 방종을 긍정하는 이데올로기를 수없이 만들어낸다. 이와 같이 표면적인 도덕국가와 뒤에서는 부도덕한 사회라는 이율배반은 지켜내야만 하는 일본전통과 필요악으로서의 타락한 현실 사회라는 이원론을 제시하는 것으로 이를 해결하려고 했다. 이때 전자의 역할을 담당한 것이 근대화에 뒤떨어진 소박한 민중들, 특히 가족을 위해 헌신하는 여성들이었다.

일본적 근대화를 메이지유신에 기대했던 민중들의 바람을 배신하고, 그들을 잘라 내버리는 형태로 진행된 것은 주지하는 바와 같다. 아니 자유민권운동이 좌절하자 정부의 압제 아래 고통에 허덕이는 무고한 민중들이 있다는 도식을 지식인들이 만들어냈다. 현실에서 민중들이 얼마나 보수적이며 차별적이었는가를 문제 삼은 것은 결코 아니다.

후술하겠지만 그들이 지지한 민권운동은 실질적으로 여성들의 희생을 당연시하는 남권적인 것이었다. 이러한 자기 기만欺瞞을 은폐하기 위해 훼손하지 말아야 할 '고향'으로서의 '전통적 공동체'와 그 유지에 헌신하는 여성들의 힘을 찬양하는 전통의 날조가 필요했던 것이다.

야나기타 구니오(柳田國男)의 초상

가노 마사나오는 메이지유신기부터 30년간을 실체적인 '이에'가 해체해가면서 반비례적으로 '이에'라는 개념이 새로 만들어진 시기라고 보았다. 즉 "이 경우 이념으로서의 '이에'는 '이에'제도와 '이에'도덕의 복합체로 다시 만들었고 '이에'습관에도 결국 지배의 손길을 뻗쳤다"[66]고 지적한다. 또한 가노는 실체로서의 '이에'해체를 눈앞에 둔 위기에 처한 '이에'이념을 재건하려고 한 것이 야나기타 구니오柳田國男라고 지적한다.

야나기타는 중앙이 아닌 지방의 일들을 사건이 아니라 일상생활에서 문자로 기록된 것이 아닌 전언傳言들 속에서 찾으려 하였다. 가노는 국가가 강요하는 '이에'이론에 대항하여 민중의 생활

66) 鹿野政直, 『戰前・〈家〉の思想』, 創文社, 1983, 74면.

속에서 전통적인 '이에'의 생명을 발견하려고 한 야나기타의 정신을 높이 평가했다. 그런데 근래의 야나기타 연구는 재야의 학자로서가 아닌 국가 관료로서의 야나기타 역할 규명에 관심을 모으고 있다.

야나기타는 1897년 23살 나이에 동경제국대학 법학부에 입학했다. 1898년에 제정된 메이지 민법은 일본 가족제도의 법적 확립을 이루었지만 그것이 민중들에게 침투하기까지는 시간이 필요했다. 당시 동경대 법학부는 국수주의 경향이 뚜렷한 교수진들 아래 천황제 가족주의 이데올로기 형성을 중요과제로 삼고 있었다. 법학부생이었던 야나기타가 이러한 이데올로기 담론에 어떠한 반응을 보였는지는 확실하지 않지만 유형무형有形無形으로 영향을 받았을 것임에 틀림없다. 졸업 후 그는 농정農政 관료로서의 길을 걷게 된다.

야나기타는 기생지주제 확립기에 농촌 생활이 변한 모습과 빈곤을 하나하나 둘러보고 농촌 재생을 위한 독자적인 농정정책에 고심한다. 그리고 야나기타는 산업조합이라는 농민의 자력구제방법에 의한 주민들의 복지 증진에 관심을 가진다. 자본주의의 가혹한 수탈에 의해 황폐해져가는 농촌의 현실을 직접 눈으로 본 야나기타는 농촌공동체의 부활을 기대했던 것이다. 그의 이러한 생각이 가족관념 부흥과 연결되고 있었던 것은 당시 야나기타의 사상배경을 살펴볼 수 있어서 매우 흥미롭다. 야나기타는 1906년 대일본농회大日本農會에서 강연한 '시골과 도시 문제'에서 도회지 이주로 인한 농촌 공동체 해체를 걱정하며 이를 '자살'에 비유하며 다음과 같이 토로했다.

'이에의 자살'에 대해 옛날에는 엄중한 사회적 제재制裁가 있었습니다. 아니 '이에를 죽이는 것', 즉 자손을 낳지 않는 것은 자살이 아니라 타살입니다. 자신의 아이를 죽이는 것도 살인죄에 해당하는데 자손을 낳지 않고 족보를 이어가지 않는 것은 더 큰 죄악이 아닐까요. 오늘날 대도시로 이주하는 사람들의 십중팔구가 '이에를 죽이는 결과'를 낳고 있습니다.[67]

이에 해체를 조상에 대한 죄악이라기보다 오히려 자손에 대한 죄악이라고 간주한 것은 야나기타 논점이 유교적 윤리에 있는 것이 아니라 이에라는 관념에 의해 연결되어야 하는 근대 일본의 가족국가 이데올로기에 있었음이 여실히 드러나고 있다. 그리고 그것이야말로 서구와는 다른 일본의 우위성이라는 점을 다음과 같이 적고 있다.

개인과 그 조상과의 연관관계, 즉 이에의 존재를 자각한다는 것은 일본의 특성이며 개인과 국가의 연관이기도 합니다. 생각해보면 역사상 충신이나 의사義士는 우리들의 조상임을 알 수 있습니다. 막연한 것이 아니라 구체적인 조상들의 모습입니다. 조상들이 수백 년간 일본 황실에 봉사하며 살아왔다는 자각심은 가장 명백한 충군애국의 근본입니다. 이에가 없어지면 무엇 때문에 자신이 존재하는지 자신에게도 설명하기 곤란해집니다. (…중략…) 일본처럼 유서由緖있는 국민이 족보를 버려서야 되겠습니까.[68]

---

67) 柳田國男, 「時代と農政」, 『柳田國男全集』 29卷, 筑摩書房, 1991, 56면.
68) 위의 글, 56면.

야나기타는 도회지에 만연하는 서구풍 개인주의를 걱정하여 농촌에 뿌리를 내리고 있었던 공동체로서의 이에를 일본인 아이덴티티의 근거로 주장했다. 그러나 그가 말하는 이에라는 것은 유교적인 부계父系 혈연공동체일 필요는 없었다. 야나기타 자신은 물론 둘째 형도 양자로 들어갔고 데릴사위로 다른 성씨 집안을 계승한 것에서도 알 수 있듯이 일본의 이에는 혈연관계로 이어지는 것이 아니라 오히려 이에 기업체라고 할 수 있다.

부모와 자식이라는 관계가 피로 맺어진다는 '폐쇄적'인 것이 아니라 각자가 이에의 '임무'를 통해 이어진다는 '공적인' 색채를 띠고 있었다. 즉 이에의 번영과 존속이 무엇보다도 중시되었고 이 경우 일가一家를 대표하는 가부장은 이에라는 한 기관機關에 불과하다. 그렇게 된다면 이에를 실질적으로 조정할 수 있는 권력이 필요하게 되는데 여기서 무대 뒤에서의 권력자가 여성이라는 것이 부상된다.

이사야마 요타로諫山陽太郎는 일본적 가족주의 이데올로기의 기괴한 트릭은 야나기타에 의해 해독解讀되었다고 지적한다. 메이지 민법에서 확립된 일본적 이에제도는 여성의 힘을 국가적으로 최대한 이용하기 위해 주도면밀한 준비 아래 만들어졌다. 그것은 서구적인 일부일처제와 일본 근대에 필요 불가결한 천황제 가족주의 융합의 산물이다. 그 열쇠를 쥔 것이 메이지 민법으로 새롭게 도입된 것은 결혼시 여성의 입적시스템이었다.

메이지 정부는 혼인법 제정을 실시하면서 종래의 관행대로 부부별성夫婦別姓으로 할 것인지 아니면 서구식 부부동성夫婦同姓으로 할 것인가를 두고 논쟁을 벌였다. 부부의 행복을 위해서가 아니라 국가가 여성을 이용하기에 어느 쪽이 효과적인가에 중점을 두고 있었다. 최종적으로 메이지 민법 제746조에 '호주 및 가족은 그 '이에'의 성씨姓氏을 따른다'라고 적고, 제788조에는 '처는 혼인에 의해 남편의 '이에'에 종속된다'라고 명기하고 처妻의 성씨를 바꾸기로 확정했다.

결과적으로 정통적인 유교가 아닌 부부동성제도가 채용된 목적은 여성이 결혼함으로써 개인으로서의 남편이 아니라 상대 집안과 인연을 맺는다는 것을 인식시키기 위함이었다. 이사야마의 분석에 의하면 "일본의 신부는 '이에'에 있어서 타자가 아니다. 오히려 '시어머니와 며느리' 사이 즉 '부모'와 '자식' 관계가 된다. 일본의 '이에'는 우선 타자(신부)를 포섭하여 '이에'와 동화하기를 강요한다. '며느리'는 동화하기 위해 완전한 '자식'이 되지 않으면 안 된다. 이 말은 혈연으로 의인화된 '자식'을 연기하면서 노동자로서의 '자식' 역할을 다하지 않으면 안 된다"69)는 것이다.

입적제도의 이 점은 우선 실질적인 일부다처제를 없앨 수 있는 일부일처제 '환상幻想'을 조성해준다는 것이다. 즉 처 이외의 여성은 어떠한 실질적인 관계를 갖고 있다 하더라도 별성別姓에 머물러야 하기 때문이다. 또한 이에끼리의 결혼이기 때문에 남편과의 관계는 고민할 것도 없이 이에를 위해 헌신하는 것으로 자신의 아이덴티티를 발견할 수 있었다.

시어머니와 며느리의 관계도 친가의 부모보다도 결속력이 강한 '부모 자식' 관계가 되어야만 한다. 후계자가 된 며느리는 이

69) 諫山陽太郎,『家・愛・姓』, 勁草書房, 1994, 143면.

에 존속을 위한 중핵 역할을 맡아야만 했다.

표면적 담론 레벨에서 한 집안을 통솔하는 것은 물론 호주인 남성이며 여성은 호주에 종속된 존재로서 상속권을 비롯한 모든 권한을 갖지 않는다. 부부라는 횡적인 관계보다는 부모 자식이라는 종적인 관계가 중시되는 체제에서 만세일계의 천황가를 모방한 이에의 존속을 첫 번째 의의로 취한 것이다. 이에를 실질적으로 지탱하는 여성의 역할은 예상외로 훨씬 컸다. 왜냐하면 실제로 일부다처제를 아무렇지도 않게 고집하며 이에 질서에 끌어들이는 남성들에 비하면 관념으로서의 일부일처제를 사는 여성 쪽이 이에의 질서 유지에 헌신적인 힘을 발휘했기 때문이다.

또한 친가와 완전히 분리됨에 따라 결혼해서 이에에 살아야 하는 여성은 어쩔 수 없이 남편의 이에밖에 없기 때문에 거기서 산다는 선택을 할 수밖에 없었다. 왜냐하면 여성들은 근대적 자아환상에 빠진 남성들 이상으로 이에의 존속을 내면화하여 그 '이에'에서 죽을 때까지 사는 것이야말로 여성이 실질적인 권력을 손에 넣을 수 있었기 때문이다.

그렇지만 이러한 권력을 손에 넣기 위해서는 여성은 남성보다도 더 남성중심의 이에제도와 일체화하지 않으면 안 되었다. 스스로를 부정하는 제도에 일체화하는 길만이 돌파구를 찾을 수밖에 없다고 생각한 것에 근대적 젠더이데올로기의 함정이 있었다.

여성이 일본적 가족주의 이데올로기에 희생을 강요당했다는 메시지를 전달하는데 큰 공헌을 한 것이 바로 야나기타 민속학이었다. 야나기타의 민속학 방법론은 가족국가를 실질적으로 지탱해줄 것으로 기대된 여성의 힘을 꺼내기에 적절한 도구였다.

일본문화의 심층부분을 사는 여성의 힘이라는 일본민속학 젠더 이데올로기는 1913년부터 『향토연구鄕土硏究』에 게재된 「무녀고巫女考」에서 그 편린을 볼 수 있다. 1926년부터 『부녀신문婦女新聞』에 연재된 「여성과 민간전승」 그리고 1940년 『여동생의 힘妹の力』의 서문에서 다음과 같은 주장을 펼친다.

> 이 한권의 책이 증명하는 것처럼 과거 정신문화의 모든 방면에 걸쳐 일본 여성은 잘 활동하고 있다. 그리고 의식하지 못했지만 때로는 지도指導도 했다. (…중략…) 이 숨겨진 옛 것을 끄집어내어 그것을 새로운 사회의 힘으로 활용하기 위해서는 인내하고 단순히 책을 읽고 암기하는 것만으로는 부족하다. 암시는 오히려 일상생활 속에 있다는 것을 나도 우연히 깨닫게 되었다. (…중략…) 이름도 없는 옛 민간 부인들이 갖추고 있었던 '현명함'과 '기품'을 되찾는 것이 첫 번째 과제이다.[70] 야나기타 민속학의 이데올로기성은 그가 농촌의 민중생활을 '상민常民'이라는 개념으로 이념화해가는 것으로 농민 이외의 민중들, 특히 피차별 부락이나 비정주민을 제외하고 민중생활에 잠재된 차별구조를 은폐한 곳에 있었다. 또한 야나기타의 이데올로기성은 '여성의 힘' 환상에도 있었다.

야나기타가 사회나 문화의 표면에는 나타나지 않지만 저변에서 생활과 문화를 지탱해 온 여성의 힘을 높이 평가한 것은 여성의 억압 분석에는 태만했으며 조화주의적인 가족주의 환상을 퍼뜨린 것이다. 이에 대해 무라카미 노부히코村上信彦는 다음과 같이 지적한다.

---

70) 柳田國男, 「妹の力」, 『柳田國男全集』 11卷, 13면.

어머니나 할머니의 훌륭하신 생애는 우리들도 실감하면서 강조하고 싶은 부분입니다. 그것은 여성의 지위가 낮아졌다는 것을 말하기 위해서가 아니라, 반대로 낮은 조건 아래에서도 잘 살아온 강인함에 감동받기 때문입니다. 여성의 지위가 지금보다 낮았던 것은 자명한 것인데, 법제상으로는 물론이고 실생활 면에서도 무수한 사례를 들어 증명할 수 있습니다. 그 한 예로써 부모가 딸을 돈을 받고 팔 수 있었다는 것입니다. 이것 하나만으로도 반론할 여지가 없다고 생각합니다. 그러나 야나기타 구니오에게 있어서 그것들은 표면적인 현상이며 예외적인 것이 아니면 여성 자신의 자유의지였다고 말합니다. (…중략…) 여성문제에 대해 야나기타가 논한 평론의 곳곳에 보이는 이러한 논법은 부정할 수 없는 사실이지만 그것이 일반적 사실인지 아닌지에 대한 검증은 이루어지지 않았고, 앞에서 언급한 것처럼 '곳곳에서 많이 보인다'는 것도 '조금 불쌍하다'며 끝나고 있어서 여성의 행복이나 불행에 대한 판단은 다른 차원에서 이루어지고 있습니다. 그렇지만 현실은 그 속에서 차지하는 사실의 비율에 의해 정해지는 것이며, 그 현실이 서로 얽혀서 여성의 행복과 불행을 결정하는 것이므로 야나기타의 논법은 사실 무시와 평가가 현실적이지 않은 이중의 오류를 범하고 있다. 분명한 것은 야나기타가 여성의 불행이나 비참함을 안 보려고 했다는 점이다.[71)]

야나기타 민속학이 내포한 '여성의 힘' 담론의 자의적 조작이라는 문제점은 여기서 지적된 바와 같지만, 가족국가 이데올로기의 탈바꿈이라는 야나기타의 관료적 역할을 새로 인식한다면 야

71) 村上信彦, 『明治女性史』(中巻前 編), 理論社, 1973, 237~238면.

나기타는 대단한 사람이었다고 말하지 않을 수 없다. 이러한 여성 억압 구조를 은폐한 교묘한 젠더이데올로기를 받아들인 것은 남성들 뿐만 아니라 여성 지식인들도 있었다.

야나기타는 전시기戰時期 총후銃後를 지탱하는 여성의 자각을 호소하기 위해 많은 평론을 부인잡지에 기고했다. 또한 야나기타는 여성 자신에 의한 일본사회의 여성 역할을 재인식할 필요가 있다고 하면서 세가와 기요코瀨川淸子를 비롯한 여성 민속학자 육성에 힘을 쏟았다. 야나기타는 "여성의 역사와 생활사는 여성 스스로의 손에 의해 만들어지지 않으면 안 된다"[72]고 강조하며 전후 여성 민속학 연구회의 발족에 협력하였다.[73] 그의 이러한 의지가 계승되어 일본문화 속에서 여성 역할을 높이 평가하는 여성 민속학자가 계속 나오고 있다.

그런데 야나기타 민속학의 여성의 힘 이데올로기는 표면적으로 이에 중심의 여성 주부적主婦的 여성의 역할을 찬양하는 형식을 취하였다. 동시에 이에의 밖에서 남성에게 힘을 부여하는 존재로서의 여성의 힘을 결코 비판하지 못했다. 즉 근대 일본의 이에제도를 외부에서 지탱한 존재로서 여성들의 성性 봉사를 찬양하는 것이다.

이와 같이 표면적으로 폄하된 여성들의 성 봉사를 재평가하자는 논자의 진짜 의도는 여성의 성 봉사능력을 어떻게 국가적으로 이용할 수 있을까에 있었음에 틀림없다. 여성을 분단하고 다른 형태로 인종忍從을 강요하면서 여성의 힘을 과도로 찬양하는 근대

72) 民俗學硏究所報21, 『民間伝承』, 國書刊行會, 1950 참조.
73) 柳田國男硏究會 編, 『柳田國男伝』, 三一書房, 1988, 980면.

일본의 젠더이데올로기의 교묘함이 성 영역에서 더욱더 위력을 발휘했던 것이다.

6. 성性 봉사 이데올로기

일본의 근대화를 남성들 자신이 이루어왔다는 자부와 야망은 지금까지 은폐되어 왔지만, 현실적으로 일본의 근대화를 가능하게 한 경제력의 일부는 여성노동자들이 도맡아왔다. 1854년 개항 이후 자본주의 세계시스템 속에 편입된 일본이 식민지의 위기에서 가장 필요로 했던 것은 바로 외화였다. 수출산업도 충분히 준비되지 않았고 외화 축적도 없는 나라가 우선 취할 수 있는 방법은 해외로 돈벌이를 나가는 일밖에 없었다. 그 중에서도 가장 빠른 방법은 해외 매춘이었다. 구라하시 마사나오倉橋正直는 19세기부터 20세기 초기에 걸쳐 일본인 매춘부, 즉 가라유키상からゆきさん[74]은 세계 매춘시장을 석권하며 '매춘 나라'라는 별명을 얻었다[75]고 지적한다.

---

74) 가라유키란 돈을 벌기 위해 해외로 나간다는 의미였으나 점차 해외에서 창기로서 성을 파는 여성을 가리키는 말로 변해갔다. 해외 매춘부, 낭자군娘子軍으로도 일컬어지며 대개 규슈의 아마쿠사天草・시마바라島原에 살던 가난한 집안의 소녀나 여성들이 성매매업자에 의해 유괴되어 밀항했다. 1890년대 이래 일본 정부는 외교적인 체면 때문에 임시방편으로 몇 번 훈령을 내려 규제하기는 했지만 업자들에게 빠져나갈 길을 열어주었다. 그리고 이들로 하여금 여성의 성을 착취하여 관리하고 해외식민 팽창의 선도적 역할을 담당하게 하였다. 한일여성공동역사교재편찬위원회, 『여성의 눈으로 본 한일 근현대사』, 한울, 2005, 36면(역자 주).

1860년 미국의 콜로라도주Colorado州 덴버Denver에 이미 십여 명의 일본 여성의 해외 매춘부가 있었다. 1866년에 아쓰會津인에 의한 하와이 이민이 개시된 이래 이민과 해외 돈벌이 매춘부의 도항이 병행되면서 급증하게 되었다. 도항 국가는 북미 · 아프리카 · 동남아시아 등으로 퍼져나갔다.

매춘업에 손을 댄 일본인은 그것을 국가를 위해서라고 선전했다. 1868년 메이지유신 이후에도 그 사정은 여전했다. 이는 당시 포주였던 무라오카 이헤지村岡伊平治가 말해준다. 무라오카의 자서전에서 매춘업이 일반 상사商社로 발전한 과정이 일본의 해외발전 경로와 연동하고 있다는 것을[76] 읽어낼 수 있다.

당시 유럽에서는 '백색노예'라는 별칭으로 인신매매가 성행했는데, 영국에서는 1889년 죠세핀 버틀러Josephine Butler의 노력으로 공창제도가 폐지되었다. 이후 식민지 인도에서 영국인 여성 창부는 그 모습을 감추었지만, 그 대신 일본인 창부가 증가하였다.

이러한 일본인 창부의 증가는 폐창정책을 취한 미국입장에서는 일본인 배척을 위한 논거로 활용되기도 하였다. 1891년 미국 신문에 '일본 여성의 추태'라는 제목으로 다음 기사를 실었다.

> 25명의 일본 여성이 샌프란시스코 항구에서 세무관에게 여행면장의 부정사용으로 억류되었다. 그 중에는 승려로 가장하여 건너온 사람도 있다. 그 승려는 일행을 식당에 팔기도 하는 등 유괴 수법을 털어 놓았다.[77]

---

75) 倉橋正直, 『従軍慰安婦問題の歴史的研究』, 共榮書房, 1994, 137면.
76) 村岡伊平治, 『村岡伊平治伝』, 南方社, 1957, 참조.
77) 山田盟子, 『娘軍哀史』, 光人社, 1992, 53면.

일본의 해외매춘은 본국의 공창제도 번성과 연동하고 있었다. 공창제도는 도요토미 히데요시豊臣秀吉시대부터 존재했는데 에도江戸 시대에는 막부의 우민화정책의 일환으로 대대적으로 도입되었다. 그 제도는 메이지 정부로 이어졌고 공창제도는 신분질서 변동과 함께 대다수의 몰락계급 여성들이 모이는 장소가 되었다.

일본 매춘제도의 문제점은 이에나 가족을 위한 희생의 의미를 지닌 인신매매가 대부분이었다는 것을 들 수 있다. 1869년 당시 판사였던 쓰다 마미치는 다음과 같은 내용의 폐창건백서廢娼建白書를 제출했다.

> 사람을 매매한다는 것은 있어서는 안 되는 일이다. 우리 나라를 비롯해 중국과 서양에서 사람을 파고 사는 악풍이 있고 흉노인은 사람을 소나 말처럼 취급하였다. 그러나 개명開明에 의해 점점 이 악풍이 사라지고 있다. (…중략…) 원하건대 지금부터라도 엄중한 법령을 내려 인신매매를 금지하여야 한다.[78]

쓰다의 폐창론 목적은 매매 대상이 된 창기의 구제에 있었던 것은 결코 아니다. 문명개화의 길을 걷는 근대 일본에게 인신매매라는 악습이 남아있다는 마이너스면을 국가적 견지에서 걱정하고 있을 뿐이었다. 이 위구危懼는 1872년 발생한 마리 루이즈Marie Louise호 사건으로 생긴다. 마리 루이즈호 선장으로부터 일본의 공창제도를 인신매매라고 지적당하자 메이지 정부는 창기해방령

78) 外崎光廣,『日本婦人論史』上, ドメス出版, 1986, 46면.

을 내리지 않으면 안 되었다. 당시 가나가와현神奈川縣의 참사參事[79])로 1871년에 발령된 '부락해방령'에도 관여한 오에 다쿠大江卓[80])의 움직임은 놓칠 수가 없다.

개명파開明派였던 오에가 피차별부락[81])이나 창기의 해방에 큰 관심을 가진 것은 그에게 인권의식이 강했기 때문이라기보다는 오히려 쓰다와 마찬가지로 문명국에 존재해서는 안 된다는 '국가의식'에 근거하고 있었다. 문명국가가 공공연하게 차별을 인정하고 있는 것을 문제 삼고 있었으며 이러한 차별이 잔존하고 있는 배경에 대해서는 관심이 없었다. 이러한 사정은 사법성司法省 제22호 포고의 다음과 같은 문체에서 더욱 확실하다.

---

79) 메이지 초기 각 부현府縣에서 장관長官 다음의 직책 명官名이다(역자 주).

80) 1847년 도사번土佐藩(현재의 오쓰키초大月町) 출생으로 메이지, 다이쇼大正기의 정치가이면서 실업가實業家였다(역자 주).

81) 일본에서 신분제도身分制度가 확립된 것은 에도 시대江戶時代로 간주하고 있다. '사농공상士農工商'이라는 4개의 신분으로 나누어졌고, 여기서 피차별자被差別者로 간주되는 신분이 생겨났다. 부락部落이라고 불리는 장소 그 대부분은 '에다穢多'·'히닌非人'들이 살던 거주 지역이나 살고 있는 사람들, 그리고 이들과 혈연적으로 관계가 있는 사람들을 가리킨다. 에다穢多란 절寺 등에서 잡역雜役이나 소, 말 등의 처리를 담당했던 직업을 가리키는 말이었으나 나중에 피혁皮革산업에 종사하는 사람들의 신분을 가리키는 말이 되었다. 히닌非人이란 말은 원래 불교에서 유래된 것으로 '인간이 아닌 것이 인간의 모습으로 나타난 것'의 의미였다. 사형 집행자나 죄인·병자·거지 혹은 절에서 일하는 자를 가리키는 말로 헤이안 시대平安時代에 보급되었다고 한다. 에다穢多보다도 신분이 낮다고 보았다. 1869년에 판적봉환版籍奉還에 의해 무사武士 신분이 폐지되자, 사농공상으로 불리던 신분제도는 폐지되고 일률적으로 평민으로 불리게 되었다. 1871년에는 메이지 정부에 의해 에다 히닌의 신분 직업이 평민과 동일하다는 해방령解放令을 내리고, 신분제도 폐지를 명령하였다. 그러나 일반 사람들 중에 에다나 히닌을 동렬에 두는 것에 반대하기도 하고 해방령 반대 봉기가 일어나기도 했다. 해방령에 반대하여 부락민을 배제하는 법률을 만들기도 하며 에다라고 계속 부르기도 하였다. 부락문제部落問題는 현대까지도 문제가 되고 있으며 논쟁이 계속되고 있다(역자 주).

1. 인신매매는 예부터 금지된 것으로 창기나 기생의 고용주에 맡긴 자본금은 저금으로 간주한다. 따라서 이러한 사정으로 고통을 호소하는 자는 단속하고 금액 전부를 돌려주어야 한다.
2. 창기나 기생은 인신의 권리를 갖지 못한 소나 말과 다르지 않다. 인간이 소나 말에게 보상을 요구하지 않듯이 창기나 기생에게 빌려준 금전은 일체 보상을 요구하지 못한다.
3. 딸을 금전으로 사서 양녀의 명목으로 삼거나 창기와 기생의 일을 담당하게 하는 것은 인신매매로 보아 금후 엄중 처벌한다.[82)]

이러한 논리에서 보면 창기나 기생을 인간으로 보는 시점이 결여되어 있었음을 알 수 있다. 그녀들은 인간의 권리를 잃어버린 자들로 소나 말과 동일하다고 적고 있다. 소나 말에게 보상을 요구하지 않듯이 빚을 돌려주지 않아도 괜찮다는 논리가 법률 조항으로 당당하게 적혀있다.

이러한 정부의 멸시적인 관점은 당시의 창부들에 대한 일반인의 시선을 반영하고 있는 것이다. 그렇기 때문에 매춘을 부정하거나 유곽을 금지해야 한다는 견해는 나오지 않고 오히려 어떻게 하면 매춘을 정당화하는 논리로 만들까하는 것이 당시의 주요 관심사였던 것이다. 해방령 추진자인 오에 다쿠조차 가나가와 현령에 근거하여 일단 인신매매를 법적으로 거부하면서도 실질적으로는 매춘제도를 인정하는 방침을 다음과 같이 제시했다.

82) 谷川健一 編, 『近代民衆の記錄3・娼婦』, 新人物往來社, 1971, 512면.

제4조 본인이 포주 손에서 벗어났음에도 불구하고 자유의지에 의해 창기나 기생이 된 자는 그 취지를 조사한 후 그것을 참작하여 허락한다.

제5조 본인의 의지로 손님을 상대하는 창기는 그것에 상응하는 대금 등은 본인과 손님이 합의하면 된다.

제6조 오는 26일부터 본인의 의지에 의해 손님을 상대하는 창기나 기생은 그 대금에서 포주비나 대실료 등 잡비를 그에 맞게 지불해야 한다.[83)]

이러한 방침에서 알 수 있듯이 관리매춘은 금지하지만 자유매춘은 상관없다는 '이해심 많은' 논리인 것이다. 그러나 자유매춘은 거의 없었고 대부분 공공연한 관리매춘이었다. 이 논리는 오히려 인신매매를 강요당한 여성들의 자유의지라며 비인간적인 직업을 선택한 여성이라고 한층 더 멸시하게 된 것이었다.

계몽기의 남녀동권론 주창자로 이름을 떨쳤던 후쿠자와 유키치 또한 『가정총담家庭叢談』 제18호에 게재한 「학교 자금 일부로 창기가 기부한 돈은 받을 수 없다」고 논하며 공공연히 창기를 인간 도리에서 벗어난 자들이라고 폄하했다.[84)]

후쿠자와를 비롯한 계몽지식인의 남녀동권론은 어디까지나 양가집 규수나 부인들을 대상으로 했던 논리로 농민이나 노동자 등 계급의 여성들은 아예 안중에도 없었다. 게다가 창기에 관해서는 서구류 성도덕을 인용하며 멸시관을 노골적으로 드러냈다.

---

83) 沖野岩三郎, 『娼妓解放哀話』, 中央公論社, 1982, 26면.
84) 外崎光廣, 앞의 책, 47면.

바로 이러한 점에서도 계몽지식인들의 의도가 남성들의 요구에 의한 여성 분할이었음이 드러난다. 즉 양가집 규수에게는 다음 세대 국가를 이어갈 현모양처가 될 것을 기대하고 그녀들 의식 향상을 촉진하면서 노동자 여성이나 몸을 파는 여성들과 구분함으로써 양자 간의 상호불신과 증오를 선동했던 것이다.

창기를 멸시하는 한편, 후쿠자와는 지배통치자 시점에서 "우리는 창기를 폐지하는 쪽이 아니라, 오히려 보존하는 것을 원한다. 그 보존 방법에 대해 이야기 하고 싶다"고 창기들 존재의 필요성을 다음과 같이 논하고 있다.

> 문명개화가 점차로 진보함에 따라 인간이 점차 정신적인 측면을 중시하고 있다고는 하지만, 이 문명개화 때문에 세상에는 독신 남자의 숫자가 증가하여 성적욕망 처리가 곤란해졌다. 단지 유일한 궁여지책으로 창기에게 그것을 의뢰하여 사회의 안녕을 유지할 방법밖에 없다. 가령 지금 인간세계에 창기를 폐지하고 흔적도 없이 없애버리면 그 영향은 실로 대단할 것이다. 예를 들어 동경의 요시하라吉原를 비롯해 몇 군데 유곽을 단속하고 도시의 매음을 처벌하면 어떠한 양상이 나타날까. 수개월도 안 되어 도시는 동물 같은 욕정이 만연해져 이를 참지 못한 남성들에 의해 양가집 자녀들까지 능욕凌辱을 당할 우려가 있으며 과부의 강간·밀통·간음 혹은 여성을 둘러싼 투쟁으로 번져 사회 질서도 이것 때문에 음란하게 발전될 것이다. 지금 다행이도 이러한 비참한 일이 일어나지 않는 것은 창기의 효력이라고 말하지 않을 수 없다.[85)]

85) 福澤諭吉, 「品行論」, 『福澤全集』 第5卷, 565~566면.

후쿠자와는 창기를 남성의 성욕처리를 위해 필요불가결한 존재로 간주하고 있다. 특히 민중남성의 성욕이 발산되지 않으면 그들은 야수로 변하여 양가집 규수들까지 덮치지 않을까하는 발상은 압도적 다수의 피지배계급 남성들에 대한 소수 지배계급 남성의 우려였다.

후쿠자와는 유럽에서 돌아온 지식인답게 근대 대중사회의 지배정책으로서 성 관리가 얼마나 중대한가를 절실히 인식하고 있었던 것이다. 유럽에서 대중의 성 관리는 금욕적인 크리스트교 도덕 내면화에 근거한 성에 대한 '죄책감'을 이용하고 있었는데, 성에 대한 죄책감이 희박한 일본에서는 남성 성욕의 자기관리가 곤란하기 때문에 성욕처리 장치로 매춘제도의 중요성을 후쿠자와는 인식하고 있었던 것이다.

후쿠자와는 창기를 멸시하면서도 한편으로는 남성의 성욕을 위로해 주는 존재로 그녀들의 힘을 다음과 같이 지나치리만큼 칭찬하고 있었다.

> 직업의 존귀尊貴 여하를 따지지 않고 직업의 형태를 보면 창기도 자신의 몸을 혹사하면서 세상에 도움을 주는 자라고 평하지 않을 수 없다. 이 비유는 좀 어떨지 모르지만, 어느 서양 학자가 창기를 평하기를, 불교에서 생명을 희생하는 자와 동일하다고 말한다. 자신의 몸을 버리면서 민중을 구제하는 인자仁者라는 것이다. 일본에서는 신란親鸞[86]이나

86) 신란親鸞(1173~1262)은 조도신슈淨土眞宗의 개조開祖이다. 신란은 메이지천황으로부터 겐신대사見眞大師라는 호를 받았다. 천태종의 승려가 된 후, 호넨法然의 제자가 되어 하나의 파를 일으켰다. 그러나 어디까지나 호넨을 스승으로

니치렌日蓮[87] 등은 (…중략…) 모두가 민중의 안락을 위하여 자신의 몸을 희생한 것이었다. 지금 창기가 '천한 세계'에 있으면서 사회에 참상이 일어나지 않게 구제하고 있다고 평한다면 인물·작업·목적이 다르다고는 하지만, 사회에 주는 공덕의 대소大小·경중輕重은 신란이나 니치렌의 공덕과 다를 바가 없다고 본다.[88]

가장 저변에 있는 자야말로 사회의 안녕과 질서 유지에 가장 헌신하고 있는 존재라는 것과, 그렇기 때문에 표면적인 멸시관과는 반대로 그녀들의 자기희생을 높이 평가하고 있다는 견해는 거만한 지배자의 발상이 아닐 수 없다. 그는 그녀들이 가진 성 능력을 철저하게 이용하였고 그렇게 함으로써 그녀들 자신도 희생자가 아니라 사회를 위해 봉사하고 있다고 주장하며 차별정당화를 펼친 것이다.

후쿠자와는 이와 같은 논리를 보편화하기 위해 마르타르의 예를 들고 있지만, 창부가 성 능력으로 남성을 구제하고 그럼으로써 그녀들도 보살이 된다는 발상은 일본 불교에서 유래한 것이다.[89]

신란親鸞이나 니치렌日蓮을 인용하고 있는 것도 후쿠자와의 교

숭경하며 조도신슈淨土眞宗의 계승에 경주했다. 각 지역에 염불도장念仏道場을 설치하고 교리를 포교했다(역자 주).

87) 니치렌日蓮(1222~1282)은 가마쿠라 시대鎌倉時代의 승려로서 니치렌종日蓮宗의 창시자이다. 12세 때 아와安房지방 세이초사淸澄寺에 들어가 천태종을 배운 후 출가했다. 히에잔比叡山에서 수행한 후 1253년 법화경法華経 신앙을 설교했으나, 타종교를 공격했다는 이유로 압박을 받아 궁지에 몰렸다가 '입정안국론立正安國論' 필화사건으로 이즈伊豆 지역의 이토伊東로 유배를 떠났다. 저서로 『가이모쿠쇼開目鈔』 등이 있고 계명戒名은 입정대사立正大師이다(역자 주).

88) 福澤諭吉, 앞의 책, 565~566면.

89) 大越愛子他, 『解体する仏教』, 大東出版社, 1994 참조.

묘한 논리 조작인 것이다. 자신의 논리를 정당화하기 위해서 서구적 논법을 활용하면서도 일본전통을 들먹이는 것에 전혀 망설임이 없는 것을 보면 실학적 지식인의 면모가 드러난다.

매춘제도를 '근대 성 관리' 측면에서 필요하다고 논하는 후쿠자와의 견해는 공창제도 온존을 꾀하는 창기폐지 반대론자들의 강력한 논리적 뒷받침 역할을 했다. 공창제도는 민중의 성 관리 정책으로서의 의미뿐만 아니라 아직 재정능력이 부족한 지방자치의 주요 재정원이 되었기 때문에 지배층은 유곽 폐지는커녕 오히려 적극적으로 유곽 확장정책을 장려했다. 말 그대로 여성의 성 착취가 일본자본주의의 경제 축적의 일환이 된 것이다.

1880년 유럽의 폐창 단체가 매음허가 폐지 의견서를 일본정부에 제출한 것이 계기가 되어 다시 폐창문제에 관심이 모아졌다. 1872년과 마찬가지로 외압이 계기가 되었지만 일본 국내에 공창제도를 반대하는 크리스트교 신자나 여성들 모임이 있었던 것이 커다란 차이점이다.

당시 반정부운동을 전개하고 있었던 자유민권운동가들이 정부 비판을 구실로 폐창문제를 이용하려는 움직임이 보였다. 이후 폐창론과 폐창반대론은 격렬하게 논쟁이 전개되었다. 그러나 문제의 가장 중요한 창기 당사자들의 의지가 반영되지 않은 채 진행되었다는 것은 계몽기 남녀동권론 논쟁에서의 여성부재 논리와 상통하고 있었다.

1880년대 후반부터 크리스트교 신자나 여성을 중심으로 한 폐창운동이 과감하게 진행되었다. 1911년 폐창운동의 전국 조직인 '곽청회廓清會'가 결성되었다. 기관지인 『곽청廓清』이 간행되고 시마다 사부로島田三郎・아베 이소오安部磯雄 등 양심적인 크리스트교 신자가 논고를 집필했다. 그들은 폐창운동에 반대하는 보수파 남성들을 공격했다. 예를 들면 시마다는 오자키 고요尾崎紅葉를 다음과 같이 비평했다.

오자키 고요(尾崎紅葉)의 초상

> 오자키 군은 세상을 달관한 사람으로서 진보 사상을 갖고 정계를 지도한 인물로 사람들이 기억하지만 사회의 남녀관계에 대해서는 너무나 보수적이라고 평할 수 있다. (…중략…) 오자키 군은 남녀의 도덕이 정착하지 않은 상태에서 공창을 폐지해서는 안 된다고 하는데, 남자의 도덕성이 열등하기 때문에 인간으로서 동등하게 대해야 할 여성의 희생을 당연시하는 제도가 과연 공정한 것일까. (…중략…) 이러한 습관이 얼마나 일반 민중의 마음에 상처를 주고 남녀관계를 파괴하고 있는지는 상상을 초월한다.[90]

위의 시마다의 논고는 오자키뿐만 아니라 폐창론에 반대하는 후쿠자와에게도 창을 들이댄 것이다. 그렇지만 이러한 크리스트교적 순결주의로는 후쿠자와의 폐창론 반대는 이겨낼 수가 없었다. 시마다는 후쿠자와의 논리를 격파하기 위해서 성 관리 도구

90) 『郭淸』 第6卷 第5号, 復刻版 第6冊, 龍溪書舍, 1980, 11면 참조.

로서 이용당한 창기들의 인권을 어떻게 다룰 것인가, 혹은 이러한 성 관리를 필요로 한 일본 근대의 모습을 비판적으로 검토하는 관점이 필요했다. 그렇지만, 그는 논점을 갖지 못했다. 또한 폐창운동을 담당하며 과감하게 투쟁한 여성들조차도 공창제라는 성 관리시스템에 의해 여성들 사이에 분단이 일어나 일반여성들에게 반대로 순결 의식을 심어주고 있었음을 꿰뚫어보지 못했다.

남성의 성 관리를 위한 공창제는 필요악이며 남성들의 성욕을 풀어주는 창부의 사회적 역할이 크다는 발상은 국내뿐만 아니라 일본인이 있는 해외거류지까지 유곽을 범람하게 하는 논리적 근거가 되었다. 식민지화정책을 추진하던 일본은 1916년 조선반도에 창기 단속령을 공포하고 전국적으로 공창제도를 실시하였다. 또한 전시기 병사들의 성욕망 처리 시설이라는 명목 아래 '종군위안부'제도를 만들어냈다. '위안부'의 정당화 논리로서 어느 종군의사의 '성욕봉공性欲奉公'이라는 용어를 사용한 예를 인용해보자.

> 일본군이 진군하면 할수록 군 간부들의 첫 번째 고민은 '딸 부대 동원'이었다. 일본군이 중국 부인을 겁탈하지 않는 것은 '딸 부대'가 있기 때문인데, 이들은 결코 단순한 창녀들이 아니다. 그들은 전투 상황이 급박하면 포탄사이를 뚫고 병사들에게 식량을 날라다주며 환자가 발생하면 목숨을 걸고 운반한다. 부상병에게는 아내와 같으며 간호사와도 같은 존재다. 어디가 창녀인가. 나는 묻지 않을 수 없다. 쓸데없이 남자들과 성적 방종을 즐기느니 군대에 와서 진정한 의용 '딸 부대'가 되어 성욕봉공性欲奉公을 다하라고. 다음 전투에는 이러한 의미에서 '딸 부대'를 모집하지 않으면 안 된다.[91]

기괴하게 보이는 종군 의사의 주장은 근대 일본의 대표적 지식인인 후쿠자와 유키치의 성 관리론과 유사하다. 전쟁터 남성들 성욕 관리를 위해 성 봉사를 할 여성이 꼭 필요하다는 것이다. 그녀들의 역할이 중요하다고 주장하는 이들은 그녀들을 결코 창녀라고 멸시하는 것이 아니라 국가를 위한 그녀들의 성 위안 능력을 높이 평가하고 있었다. 이는 바로 관리자 입장에서 본 발상이라 하지 않을 수 없다.

남근적男根的 욕망중심의 성 관리이데올로기는 근대 대중사회 지배를 위해 형성된 것이라는 보편적 성격을 갖고 있지만, 일본에서 특히 두드러진 것은 그것이 집단주의적으로 나타난다는 것이다. 성 관리 도덕을 개개인이 충실히 소유한 크리스트교 사회에 비하면 그러한 모럴이 기본적으로 결여되어 있는 일본의 지배자측은 성 관리의 효율을 위해 집단적 관리시스템을 의도적으로 채용하고 있었다. 한편 집단관리시스템을 들키지 않기 위해 성 봉사를 실시한 여성들을 미화한 신화를 날조한 것도 주목할 만하다. 비참한 현실 상황을 은폐하기 위한 성 시설 화려함을 논한 유곽문화의 전설도 교묘하게 이용되었다. 성적으로 욕정을 채우겠다는 남성들의 감춰진 욕망이 창기에서 '위안부'로 변용되었고 여성의 성 봉사이데올로기를 정당화하였다. 그리고 근대 일본의 국가정책에서 타자 살해를 강요당한 남성들이 국가의 욕망과 일체화하면서 여성들도 또한 여러 층의 레벨은 있지만, 생식과 성 위안을 위해 자신의 성을 바친다는 성 봉사 이데올로기를 내면화

91) 中山忠直, 「滿蒙の旅 3」, 『東洋』 419号, 1933, 143면.

했던 것이다.

이러한 남근 중심적 이데올로기 때문에 일본 여성 이상으로 아시아 여성들의 성이 유린되고 성 노예화가 강행되었음을 간과해서는 안 될 것이다.

제2장 젠더이데올로기와의 갈등과 내면화

1. 모순과의 투쟁

메이지 10년대에 성행한 자유민권운동自由民權運動은 초기의 공권력에 의한 강압적인 탈아입구 정책에 대한 반동으로 나타났다. 자유민권운동은 서구적인 자유와 인권을 요구하는 운동이라기보다는 오히려 막말幕末 이래 저변민중의 세상 고치기 운동과 연결되고 있었다고 말할 수 있다. 식민지 위기에서 탈피하여 서구와 어깨를 나란히 할 근대국가를 형성하기 위해 메이지 정부는 그 재정원을 민중의 세금에 의존할 수밖에 없었고 그렇기 때문에 엄청난 수탈이 이루어져 종래의 농촌공동체 해체가 촉진되었다.

해방령을 대표로 하는 신분제 폐지론은 반드시 농민들에게 환영받은 것은 아니었으며 학제學制 강요 또한 반감을 샀다. 해방령 반대 봉기나 혈세 봉기 형태로 메이지 초기에 빈발한 농민봉기가 서구의 근대 사상 이론으로 무장한 민권운동가들과 연결되어 자유민권운동으로 나타났다.

자유민권운동의 젠더론 특색은 여성 당사자들이 참가하고 있었다는 것이다. 자유민권운동가들은 여성 당사자가 없는 정부권력에 반대하는 입장에서 여성의 참가를 오히려 이용하려 했던 것이다. 그러나 거기에 문제가 없는 것은 아니었다. 원칙적인 여성해방론은 훌륭했지만 어디까지 그들이 현실성에 얼마나 근거를 두었었는지가 의심스럽다. 적어도 계몽지식인들은 여성 당사자가 부재不在한 상태에서 절실한 국가적 요청에 근거하여 젠더 질서의 개편을 꾀했다.

모리 아리노리나 후쿠자와 유키치는 사생활에서도 그 계몽적 젠더관계의 실현을 위해 노력했고 엄격한 일부일처제주의자였으며 유곽遊廓에 출입하는 일은 전혀 없었다. 물론 그러한 그들의 관념이 당사자인 여성의 현실을 무시하고 있었던 것을 간과할 수 없다.

한편 자유민권론자 대부분이 겉으로는 훌륭한 여성해방론을 부르짖었지만 집에 와서는 아내에게 희생을 강요하였고 공공연하게 유곽에 출입하기도 하였으며 동지同志인 여성운동가에게는 자기희생을 요구하였다. 이러한 민권운동가들의 자기모순을 기타무라 도코쿠北村透谷[1]는 다음과 같이 비판한다.

그들이 정치이야기를 나누면 애국자가 되지만 그들이 가정에 돌아왔을 때에는 가정의 파괴자가 되었다. 그들은 그것을 만끽하고 있다.[2)]

기타무라 도코쿠(北村透谷)의 초상

이는 민권운동가를 비판한다기보다는 평등한 사랑에 의해 결혼한 아내 미나코美那子에게 집안일을 모두 맡기고 방탕한 생활을 하는 자신을 비판하고 있다고 보아야 할 것이다. 이러한 자신 비판에 괴로워하면서도 남성중심의 가치관을 변화시키지 못했던 점에서 도코쿠透谷는 괴로워했던 것이다.

가장 급진적이었던 우에키 에모리植木枝盛[3)]에게도 그러한 모순

---

1) 기타무라 도코쿠北村透谷는 1868년 12월 29일(메이지 원년 11월 16일) 현재의 가나가와현神奈川縣 오다와라시小田原市에서 출생했다. 1884년 도쿄전문학교 정치과에 입학했고 자유민권운동의 활동에 참가하지만 좌절한다. 1890년 일본 근대시 최초의 작품을 자비 출판했다. 시마자키 도손島崎島村 등과 함께 잡지 『문학계』를 창간, 하지만 1893년 자택에서 자살한다. 불과 25년의 생을 마쳤다. 기타무라 도코쿠는 연애・예술 지상주의 '내부 생명론' 등의 사상이나 평론으로 일본 근대문학 성립에 커다란 영향을 주었다(역자 주).

2) 北村透谷, 「時勢に感あり」, 『現代日本文學全集・北村透谷・樋口一葉』, 筑摩書房, 1956, 63면.

3) 우에키 에모리植木枝盛는 메이지 시기 자유민권운동의 지도자이다. 도사번土佐藩 소속의 무사 우에키 나오에植木直枝의 아들로 태어나 이타가키 다이스케板垣退助와 메이로쿠사明六社의 영향을 받아 자유민권운동에 참가했다. 1877년 입지사立志社에 참가했고 이후 이타가키板垣의 참모로서 아이코쿠사愛國社를 재흥하고 이어 국회기성동맹을 조직했다. 한편 민권파 저널리스트로서 『민권

이 존재하였다. 그는 정치개혁을 전면에 내건 민권운동이 실패하자 천황제가족국가주의를 지탱하는 기반으로서 가부장적 가족제도가 마련되어야 한다고 주장하고 가족제도 개혁론을 열성적으로 제기한 인물이다. 1889년에 출판한 『동양의 부녀東洋之婦女』는 동양의 전통이라고 간주되는 남존여비적 여성관을 신랄하게 비판·고발하고 남녀동권에 기초한 일부일처제와 부인참정권 권리의 평등을 주장하였다. 당시 우에키는 선구적인 여성해방론자로서 높이 평가받고 있었다. 우에키는 자신의 저서 서두에서 다음과 같이 호소하고 있다.

> 삼가 전국부인 여성들에게 한마디 적습니다. 일본 전국의 동포 자매 여러분, 당신들은 안전한 곳에 있고 당신들은 행복할 것입니다. 그러나 내가 보기에는 일본은 지금보다 20년 전부터 일대개혁을 실천했다고 말하지만 부인여성들을 위한 사회를 만들기 위해서는 다시 한 번 제2의 유신維新을 일으켜야 한다고 말하지 않을 수 없습니다. 아직 한 번도 대개혁을 실행했다고 볼 수 없을 것입니다.[4)]

우에키가 적극적으로 관여한 폐창운동廢娼運動의 여성멤버인 나카지마 아야코中島綾子·사사키 도요히사佐々城豊壽·시미즈 시킨清

자유론』(1879) 등을 출간하여 민중계몽활동도 펼쳤다. 나중에 급진적 자유민권운동과 결별하고 여성해방운동에 힘썼으며 1890년 제1회 중의원 의원으로 당선되었다. 그의 사상적 특징은 천부인권론·주권재민·저항권 등에 있었다. 서양 정치이론이나 각국의 역사에 정통한 뛰어난 이론가로서 많은 저서·논문·연설을 남겼다. 저작으로 『천부인권변天賦人權辯』·『개명신론開明新論』·『언론자유론言論自由論』·『일국의원론一局議院論』 등이 있다(역자 주).

4) 清水紫琴, 「東洋之婦女序」, 『植木枝盛集』 第2卷, 岩波書店, 1990, 215~216면.

水紫琴이 서문을 적은 것이 흥미롭다. 특히 시미즈 시킨은 "우에키 선생님은 민권운동의 주창자이시며 자유의 개척자이시다. 혼란스러운 정치분야에서 바쁘게 열심히 노력하신다. 정말 동분서주하신다. 그렇게 고생하셨으면서 더욱 사상을 확충하고 우리 부인사회에 권리를 찾아주시려고 열심이시다. 오랫동안 이러한 고민들을 마침내 이렇게 책으로 저술하신 것을 우리들은 진실로 감사하지 않으면 안 된다"[5]며 칭찬하고 있다.

이렇게 열성적인 남녀동권론자이면서 폐창운동가인 동시에 우에키는 유곽 상습 이용자였으며 여성 스캔들이 끊이지 않던 인물이었다. 이러한 우에키의 모순을 이에나가 사부로家永三郎[6]는 다음과 같이 변호한다.

> 그는 방탕한 생활을 했지만 같은 고향 출신의 다오카 레운田岡嶺雲처럼 방탕한 관념을 정당화할 정도의 인물은 아니고 공인公人으로서의 이론과 개인으로서의 본능적 행동을 분리하고 있었다. 단지 우에키도 레운嶺雲도 모두 말년에 여성해방에 힘을 쏟은 것은 진실로 여성을 위한 마음으로 일했다. 술주정뱅이의 금주론이 별로 힘을 발휘 못 하는 것이지 방탕을 경험한 자의 입에서 나오는 폐창론이기 때문에 상대방을 압도하는 커다란 힘이 나오는 것은 아닐까. 우에키의 방탕과 여성해방론은 서로 모순되는 것이 아니다. 아니 오히려 모순되기 때문에 더 영향력이 있다고 보는 것은 꼭 궤변만은 아니라고 믿는다.[7]

---

5) 위의 글, 193면.

6) 이에나가 사부로家永三郎는 1913년 출생으로 1937년 동경대학 문학부 국사학과 졸업했다. 일본사상사 전공했고 동경교육대학 명예 교수를 역임했다. 교과서 검정위헌 소송을 내기도 해 화제를 불러일으키기도 했다(역자 주).

전쟁 책임에 대해서 신랄한 비판을 가하는 이에나가家永도 여성문제에 관해서는 좀 관대한 면이 있다고 말하지 않을 수 없다. 유곽 상습자였기 때문에 그 죄책감을 폐창운동에 열의를 발휘할 수 있었다고 하는 모순 논리는 신란親鸞 연구가다운 통찰이지만 이렇게 남성에게 유리한 이 이론은 유곽 존속을 주장하는 자들에게 쉽게 이용당할 수 있다는 것을 깨달아야 할 것이다.

어쨌든 이러한 우에키의 언동을 당시의 폐창운동가 여성들이 왜 받아들이고 있었는가라는 의문이 든다. 메이지 정부의 국가정책 일환으로서 젠더이데올로기가 목표로 삼았던, 즉 현모양처가 되어야 할 만한 좋은 집안의 여성들과 남성들의 성적욕망 처리 방법으로서의 저변여성의 '분리 정책'에 그녀들 자신도 휘말려들어 가고 있었던 것이다.

우에키는 공적公的으로는 규수집안의 여성 입장에서 폐창운동을 전개하는 여성해방론을 주장했고 사적으로 욕망 처리를 위해 창기娼妓를 사는 일에 아무런 죄책감도 느끼지 않았던 것이다. 폐창운동가 여성들도 우에키의 사적 생활에 불쾌감을 느꼈지만 그가 대등하게 대해주는 여성과 멸시의 대상이 되어야 하는 여성을 분리하여 행동하고 있었던 것에 대해서는 아무런 이질감을 갖지 못했다. 그녀들의 폐창론은 문명국으로서 갖추어야 하는 조건의 하나로서 공창제도 폐지를 주장한 것이지 여성을 분단시키는 젠더이데올로기나 남근男根중심적・욕망중심적 성性제도에 이의를 제기한 것은 아니었다.

7) 家永三郎,『革命思想の先驅者』, 岩波書店, 1955, 164면.

'자유'와 '해방'이라는 말을 부르짖는 민권론자들조차 내면화하고 있었던 여성 분단적分斷的 젠더이데올로기가 함축하는 문제점은 후쿠다 히데코福田英子에 의해 날카롭게 지적된다. 운동자금으로서 열심히 모은 돈으로 아무렇지도 않게 유곽에 가는 민권운동가들에 대해 분노가 폭발한 사건을 후쿠다는 자서전인 『나의 반 생애妾の半生涯』에서 다음과 같이 논한다.

> 어느 날 이소야마磯山 씨에게 하이시葉石 씨가 오사카에 왔다며 급히 숙소로 와달라는 연락을 받고 의아해 하면서도 그곳에 가보니 동지들의 향연은 무르익을 대로 무르익어 있었다. 내가 도착하자 술을 따르던 요염한 기생들이 자리를 떠났다. 그 자리에 나는 들어갈 수가 없어서 밖에서 기다렸다. 동지들이 무슨 여유가 있어서, 아니 왜 이런 사치를 벌이고 있는지 책문하자 오늘 중요한 협의 사항도 있고 해서 연회를 마련한 것이라고 설명한다. 이 바보 같은 행동을 눈으로 보니 더럽기 짝이 없다. 아아 이것이 일상적으로 벌어진 일이라고 생각하니 한탄스럽기 그지없다. 마음껏 욕을 퍼 붓고 다다미畳를 발로 걷어차고 돌아왔다.[8)]

자유민권운동가뿐만 아니라 그 뒤를 이은 사회주의 운동 그리고 전후의 좌익운동에도 잔존하던 사고 패턴 다시 말하면 민중을 위해 목숨을 바치니까 민중의 성을 유린해도 용서받을 수 있다고 그들은 생각했다. 이러한 반체제파에게까지 침투하고 있었던 성봉사 이데올로기를 후쿠다 히데코는 이미 직관하고 있었다. 이러

8) 福田英子, 『妾の半生涯』, 岩波書店, 1958, 46면.

고토쿠 슈스이幸德秋水초상화

한 그녀의 입장을 더욱 자세히 말해주는 것은 1885년에 일어난 오사카사건 후 오이 겐타로大井憲太郎[9])와의 관련성 부분이다. 오사카사건은 자유민권운동가들이 말하는 민권은 어디까지나 남성중심의 권리에 지나지 않는다는 것, 또한 그들이 주장하는 민권은 국외에 대해서 국권으로서만 발휘되고 있다는 것을 밝혀내며 당시 자유민권운동가들의 한계를 여실히 드러낸 사건이었다.

후쿠다 히데코는 이후 민권운동에 내재하고 있던 근대 일본의 젠더이데올로기와 국수주의를 뛰어넘기 위하여 악전고투惡戰苦鬪의 길을 걷는다. 그 도달점이 1907년에 간행된 『세계부인世界婦人』이다. 당시 후쿠다는 고토쿠 슈스이幸德秋水[10])와 사카이 도시히코堺利彦[11])에 의한 '평민사平民社'[12])에 참가하고 있었는데, 거기서

9) 오이 겐타로大井憲太郎는 일본의 정치가이며 사회운동가이다. 메이지유신 후 자유민권운동의 선봉으로 활약했고, 정치결사인 애국사愛國社 설립에 관여했다(역자 주).

10) 고토쿠 슈스이幸德秋水는 일본의 사회주의 지도자였다. 급진적인 정치활동을 주창하였으며 그가 처형당하자 일본의 사회주의 운동은 일시적으로 둔화되었다(역자 주).

11) 사카이 도시히코堺利彦는 일본공산당 창립자 중 한 사람으로 호는 고센枯川이다. 원래 교사였다가 신문기자로 일했으며 1903년 고토쿠 슈스이와 함께 주

메이지 정부 관제의 젠더이데올로기와 국수주의를 돌파하는 사상으로서 사회주의 사상을 만나게 된 것이다.

평민사에 출입하면서 『세계부인』에 기고자이기도 했던 가미카와 마쓰코神川松子는 다음과 같이 그녀를 높이 평가한다.

평민사앞 사진

> 우리들은 천박淺薄해서 피상적인 모든 종교 도덕을 버리고 사회주의적 견지에서 부인의 해방을 외치지 않을 수 없다. 우리들이 바라는 것은 추악한 제도의 파괴에 의한 절대해방이며 속박되지 않은 독립과 자유에 있다. 청렴고결清廉高潔함에 있고 온정평화溫情平和에 있다. (…중략…) 단무지에 보리밥도 혼자서 짓고 먹는다면 그것으로 족하다. 남루한 옷이라도 스스로가 부엌의 관리자로서 자유로이 일한다면 부끄러울 것이 없는 것이다. 우리들의 목적은 자유를 획득함에 있다. 독립·

간 『평민신문平民新聞』을 발간했다(역자 주).

12) 평민사平民社는 1903년 11월에 러일전쟁을 개시 움직임에 대해 전쟁반대를 주장한 『만초호萬朝報』가 사설을 전쟁 긍정론으로 바꾸었을 때, 전쟁반대론 입장을 주장한 고토쿠 슈스이幸德秋水와 사카이 도시히코堺利彦가 전쟁반대론을 주장하기 위해 조보사朝報社를 퇴사하여 전쟁반대와 사회주의사상 선전과 보급을 위해 새롭게 개업한 신문사이다. 신문을 발행하면서도 이곳을 사회주의자나 지원자들의 센터 역할을 담당했고 사실상 사회주의협회와 함께 사회주의운동의 중심 조직적 역할을 했다(역자 주).

히라쓰카 라이초(平塚らいてう)의 초상화

자활自活에 있으며 우리의 인권을 찾고 그 것을 보존하기 위해서는 결코 남자를 위해서 살지 말라. 굶어서 죽는 한이 있더라도 남자에게 굴복하지 말라. 우리의 마지막 대업은 모든 허위 허식을 버리고 자연적인 인간의 성품으로 돌아가 청정한 자신을 내보이는 것이다.[13]

『청탑』[14]보다 무려 4년 이른 해에 무명無名 여성들이 이렇게까지 힘이 넘치는 선언을 주장한 것을 보면 당시 여성들의 기개가 상상된다. 여성해방에 경제적 독립이 필수라는 것을 명기한 점에서는 히라쓰카 라이초平塚らいてう의 『청탑』 선언의 관념성을 초월한 시점을 발견할 수 있다. 또한 야마자키 아키코山崎明子가 지적하고 있듯이 『세계부

13) 神川松子, 「『世界婦人』の見地」, 『女性=反逆と革命と抵抗』(鈴木裕子 編), 社會評論社, 1990, 27면.

14) 『청탑青鞜』은 1911년 9월부터 1916년 2월에 걸쳐 발행된 여성들만에 의한 문학지였다. 가부장제에서 여성을 해방한다는 사상과 함께 히라쓰카 라이초平塚らいてう와 이쿠다 초에生田長江가 주축이 되어 창간했다. 당시 유럽에서 지적인 여성들이 신었던 양말이 파랑색이었던 것을 블루스타킹이라 불렀던 것에서 잡지 이름이 유래했다. 히라쓰카 라이초(당시 26세)를 중심으로 야스모치 요시코保持研子 · 나카노 하쓰코中野初子 · 기우치 데이코木內錠子 · 모즈메 가즈코物集和子 등이 참가했다. 『청탑』 제1권 제1호에 히라쓰카가 저술한 「원래 여성은 태양이었다元始, 女性は太陽であつた」라는 간행사는 일본 부인해방 선언이라며 주목받았고 커다란 반향을 일으켰다. 1913년 4월 문부성文部省이 제창하는 현모양처賢母良妻 이념과 맞지 않는다는 이유로 발행금지 처분을 받았다. 1915년 1월호부터 발행인이 히라쓰카에서 이토 노에伊藤野枝로 바뀌었다. 이후 1916년 2월 휴간되었다(역자 주).

인』에 아시아 여성문제에 관한 기사가 적지 않은 것도 대서 특필할 만하다.[15]

여성차별에 반대하는 의식이 있다고 하더라도 민족차별 문제에 대해서는 둔감한 후대의 여성 해방론자들에 비해 아시아여성과의 연대의식이 보인다는 것은 오사카사건 이후도 후쿠다의 관심이 아시아에 있었던 것임을 드러낸다. 당시 후쿠다의 국권적國權的 아시아관에서 탈피하려고 한 것은 민족을 초월하여 계급 연대를 주장하는 사회주의의 영향이라고 볼 수 있을 것이다.

사회주의 부인론은 평민사에 모인 여성들에 의해 강하게 추진되었다. 그리고 그 중에서 가장 강력한 이론가인 야마카와 기쿠에山川菊榮에게 그 이론이 계승된다. 그녀의 이론적 성숙은 다음 장에서 논할 『청탑』 여성들의 문제제기와 대결 속에서 생성되어 갔다는 것을 놓쳐서는 안 된다.

야마카와는 여성의 진정한 해방이 부르주아적 자유주의를 통해서가 아니라 자본주의적 계급억압을 해체하는 사회주의에 의해서만 가능하다고 믿으면서도 사회주의자들에게 강하게 자리잡고 있는 젠더이데올로기를 날카롭게 비판하는 것에 주저하지 않았다.

그녀는 다이쇼기大正期[16]에 성행한 좌익운동이나 조합운동이 내건 강령 속에 '부인의 요구'가 전무한 것을 지적했다. 그리고 호주제도 등 남녀불평등 법률 폐지, 교육과 직업의 기회균등, 공창제도 폐지, 성별 및 민족을 따지지 않는 최저임금제정, 동일노

15) 山崎明子, 『アジア女性交流史』, 筑摩書房, 1995, 56면.
16) 다이쇼大正는 일본 원호元号의 하나로 다이쇼 천황의 재위기간인 1912년 7월 30일부터 1926년 12월 25일까지 기간을 가리킨다(역자 주).

동 동일임금, 모성보호母性保護 등 6개 항목의 요구를 조합부인회에 제기했지만 그 제안은 여성운동가들에게조차 이해받지 못하였다. 이에 대해 야마카와는 다음과 같이 한탄한다.

> 이러한 여성의 요구는 (…중략…) 지금 세계가 공통으로 인정하고 있다고 보아도 좋은데 이 정도의 상식적인 것조차 인정하지 않으려는 남성 지도자들과 그것에 기계적으로 복종하는 여성들의 칠칠치 못함에 나는 절망감을 느끼지 않을 수 없다.[17]

야마카와는 '여성의 예속'은 부르주아 계급과 무산계급에 동일하게 침투되어 있는데 현대는 오히려 무산계급에 더욱 깊이 뿌리박혀 있으며 계급차별 온존을 위해 성차별이 전략적으로 이용되고 있음을 이미 간파하고 있었다. 야마카와는 계급투쟁을 성공시키기 위해서는 체제적인 젠더이데올로기 해체가 얼마나 필요한지 다음과 같이 역설하고 있다.

> 여성 노동자의 차별대우 그것은 자본가에게 있어 유력한 무기이며, 자본주의를 유지하는 지주로서 이용되는 한 단순하게 여성에게 한정된 문제만이 아니라 전全무산계급에 공통적인 계급적인 문제이다. 이러한 의미에서 '여성의 예속'에 대한 투쟁은 남자에 대한 투쟁이 아니라 자본주의 그것에 대한 투쟁의 일부분이다. 차별대우의 직접적 희생자는 남자가 아니라 여성이기 때문에 이 투쟁에 대해 적극적으로 나서지 않는

17) 山川菊榮, 『おんな二代の記』, 岩波書店, 1982, 273면.

자가 있다면, 그것은 계급투쟁 도피자로 인정하지 않을 수 없다. 추상적인 남녀평등의 원칙을 승인하는 것에 만족하여 구체적인 사실로 그를 확립하는 투쟁을 거부하는 자는 사실상 여성의 예속을 무기로 하는 부르주아와 같은 편으로서 무산계급 착취에 협력하는 계급적 배신자라고 인정하지 않을 수 없다.[18)]

현대까지도 통용되는 야마카와의 이러한 날카로운 이론은 당시의 좌익운동에 관여하는 남성들이나 여성들에게 받아들여지지 않았다. 오히려 운동에 탄압이 격해지면서 투쟁하는 남성을 위해 헌신하는 여성이라는 젠더 역할은 강화되고 여성의 삶과 성 착취는 더욱 심해져갔다. 그 중에서도 지금까지도 그늘을 드리우는 것이 일본공산당의 하우스키퍼housekeeper 문제다. 계급투쟁 우선이라는 논리 속에 여성들에게 성 봉사 역할을 강요했는데 그러한 성 유린이 벌어진 사정에 대해 후쿠나가 미사오福永操는 회상록에서 다음과 같이 기술하고 있다.

특히 여성 학생들에게 하달된 특수임무는 하우스키퍼였다. 그녀들 대부분은 말하자면 규중처녀들로 세상물정을 몰랐기 때문에 하우스키퍼의 실태가 무엇인지도 모르고 단지 그녀들이 최고로 신뢰하는 공산당을 위해 조금이라도 도움이 된다면 이라는 유치하지만 순수한 마음으로 봉사했다고 생각한다. 그러나 하우스키퍼 문제는 당시의 신문 기사 제목으로 다루어지며 단순한 반공산주의 공격이 아니라 여성들을 특히 천대

18) 山川菊榮, 「無産階級運動における婦人の問題」, 『山川菊榮女性解放論集』 2, 岩波書店, 1984, 179면.

하여 공중 앞에 젊은 여성들을 벌거벗겨 흙탕물 속에 처 넣는 것과 마찬가지의 굴욕을 주었다. 그리고 공산당 남자 간부들 대부분은 그러한 여성들을 동정하기는커녕 소小부르주아 여성에 대한 대가라는 생각으로 멸시의 태도를 보이고 쳐다보지도 않았다. 우리 여성입장에서 보면 체포되어 적에게 잔혹한 문책을 당하는 것은 각오했었다. 그러나 자신들이 존경하고 신뢰하던 동지이며 지도자인 남성들로부터 받는 멸시는 정신적인 큰 타격이었다.[19]

해방을 목표로 함께 투쟁하던 동지라고 생각했던 남성들 대부분이 여성운동가를 대등한 존재로 간주하지 않고 오히려 그녀들을 손쉬운 성적대상으로 폄하시켜 그녀들의 헌신을 이용한 문제는 그들이 목표로 하는 해방이 남성중심의 권력주의에 지나지 않았음을 나타내고 있다. 그렇지만 순수한 마음으로 운동에 참가한 여성이면 여성일수록 젠더이데올로기 함정에 빠지기 쉬웠고, 남성들에게 쉽게 착취되고 이용당했다.

그러한 상황에 빠진 여성들은 자신들을 한탄할 수밖에 없었으며 그들의 멸시를 감수하는 수밖에 없었다. 여성들은 이러한 상황에서 헌신을 다해 받들던 남성들이 전향轉向[20]하기도 하고 스파이

19) 福永操, 『あるおんな共産主義者の回想』, れんが書房新社, 1982, 222면.
20) 다이쇼 후기에 사회주의 사상이 고양되어 1922년에 일본공산당이 결성(비합법)되었는데 치안유지법을 제정(1925)하여 탄압했다. 제1회 보통선거를 치른 후 3・15사건(1928), 4・16사건(1929) 등 공산주의자들이 일제히 검거되었다. 쇼와昭和 전기 치안유지법 위반 용의로 검거된 자만해도 7만 명이 넘는다고 전해지나 대부분이 전향 서약서를 썼다. 일본공산당에서도 마지막까지 그 사상을 관철한 것은 도쿠다 규이치德田球一 등 극소수였고 대부분이 공산주의를 포기하고 전향했다(역자 주).

였다는 것을 알았을 때 비참하기 그지없었다. 남편 아사노 아키라 淺野晃의 옥중 전향 때문에 구금 노이로제에 걸려 죽음에 이른 이토 치요코伊藤千代子, 스파이 오이즈미 겐조大泉兼藏의 실체를 알고 자살한 하우스키퍼 구마자와 미치코熊澤光子는 가장 비참한 희생자들이다. 반체제운동 와중에도 이러한 기만이 겨우 고발된 것은 전후戰後의 우먼리브운동Women's Liberation Movement21)에 이르러서이다.

2. 『청탑』의 제諸 논쟁

'여성을 어떻게 활용하면 국가에 도움이 될까'라는 관점에서 형성된 메이지기 젠더이데올로기 기획에 대한 반감에서 『청탑』이 출발하였다. 이는 1911년 발간된 『청탑』의 취지이기도 했다. 자유민권운동이나 폐창운동의 여성운동가들이 국가를 의식하고 있었던 것에 비해 『청탑』에 모여든 여성들은 '국가의식'을 의도적으로 배제하려 하였다. 그것은 1898년 메이지 민법에 의한 가족제도가 확립된 후 국가가 여성에 대해 간섭이 너무 노골적인 것에 대한 반발

21) 1960년대 후반부터 활발하게 전개된 새로운 여성해방운동이다. 미국을 중심으로 거의 동시적으로 전세계에 확산됐는데, 유엔 여성의 해 지정 등 여성해방이 유엔 차원에서 전개되도록 하는 원동력이 됐다. 미국의 베트남 반전反戰운동·흑인운동·학생운동의 영향을 받았으며 또 이들 운동 내에 존재하던 여성차별의 고발을 통해 개인의 주체적 참가를 기초로 하는 소그룹운동과 체제 내 변혁을 지향하는 중년 백인 인테리 여성을 중심으로 하는 전국여성기구NOW가 운동의 두 축으로서 서구 일본, 한국 등에 큰 영향을 미쳤다(역자 주).

양장한 요사노 아키코(与謝野晶子)

이었다고 생각된다. 『청탑』은 1886년 출생으로 당시 25세였던 히라쓰카 라이초에 의한 산물이었다.

근대에 생겨난 모든 이데올로기의 특질은 그것이 사회적인 제도나 외적인 강제성에 의해 생겨났다기보다는 오히려 개인의 자발적인 욕구 속에서 내면화했다는 점에서 그 위력을 발휘했다. 일본 근대의 젠더이데올로기도 관제官製라는 외적 이데올로기에 그쳤다면 그 기능을 유효하게 발휘하는 데에도 한계가 있었을 것이다.

그것은 일단 반발을 한 번한 후 새롭게 여성들 자신들이 주체적으로 선택해가는 '순서'를 필요로 했다. 그러한 측면에서 『청탑』에서 벌인 논쟁은 일본의 젠더이데올로기를 외적인 요인만으로 다룬 것이 아니라 그것과 대립하면서 내적투쟁을 전개한 것이다. 이는 한 번은 겪어야만 하는 일본 페미니즘의 갈등의 궤적이었다고 말할 수 있을 것이다.

여성 자신들 손에 의한 사상 창출의 시도로서 『청탑』의 의의에 대해서는 『청탑』 간행에 앞서 1911년 초 『태양太陽』 잡지에 게재한 요사노 아키코与謝野晶子의 다음과 같은 말이 가장 적절할 것이다.

> 남자들 쪽에서 아무리 여성문제에 대한 의견을 내놓는다 해도 여성

자신들 눈을 뜨게 하지 않으면 진실한 해결이라고 볼 수가 없다. (…중략…) 중류 여성들이 솔선하여 자아에 눈뜨고 자신을 개조하여 여성문제의 해결자다운 새로운 자격을 만들지 않으면 안 된다. 그러기 위해서는 무엇보다도 생각하는 여성・두뇌를 사용할 줄 아는 여성・일하는 여성・행동하는 여성・능력 있는 여성이 되는 것이 급선무이다. '우리는 누구인가' '우리는 사람이다. 남녀 성별 구별은 있어도 인간으로서 가치는 대등하다' '우리는 '인간중심'으로 만물을 봄과 동시에 만물 혹은 생물의 하나로서 우리를 볼 수 있다' '개인으로서 사회인으로서 인간은 모든 행복을 향유하지 않으면 안 된다. 행복의 최상은 개성을 발휘하여 자신의 가능성을 발휘함과 동시에 상호 간에 개성을 이해하며 감상하는 것이다' 이와 같은 문제는 옛날이나 지금이나 해결해야 하는 문제이지만 쉽게 해결할 수 있는 것은 아니다. 그렇지만 오늘날 문명인은 모두 이 문제에 관심을 갖는다. 어떤 자는 회의에 빠지기도 하고 어떤 자는 해결의 서광을 인정하기도 한다. 이것은 냉철한 학문 연구의 철학문제가 아니고 자신의 신변에서 일어나는 절실한 근본문제이다.[22)]

같은 해 6월 이쿠다 조코生田長江의 추천을 받아 『청탑』 발간을 기획한 히라쓰카 라이초는 요사노의 집에 권두시卷頭詩를 부탁하기 위해 방문하였다. 요사노는 자기 자신에게 던진 문제제기를 조금이라도 빨리 답을 얻고 싶어하는 젊은 여성들의 행동력에 당혹해 했을 것이다. 방문 당시 요사노의 대답은 소극적이었던 것 같다. 그러나 2개월 후에 보내 온 권두시 「생각나는 말そぞろごと」

22) 与謝野晶子, 「婦人と思想」, 『与謝野晶子評論集』, 岩波書店, 1985, 59면.

의 훌륭함에 히라쓰카를 비롯한 『청탑』 발기인들은 매우 기뻐했던 일을 다음과 같이 적고 있다.

> 처음 찾아뵈었을 때 그처럼 반복해서 여성의 능력에 대해 불만을 토로하시더니 이 힘찬 여성찬가의 시를 짓기 위함이셨다고 생각합니다. 이것이야말로 권두에 어울리는 것이라고 기뻐했습니다. 그리고 그것은 우리들이 아직 미숙하기는 하지만 열심히 취지서나 규약이 감수성이 강한 여류시인 요사노 아키코 씨로부터 전수를 받아 이러한 시적 발상이 가능한 것이었다고 생각하는 것은 저희들의 독단에 지나지 않는 것일까요.[23]

신진 히라쓰카가 선배 여성 문학자인 요사노에게 지지 않으려는 기염이 보이는 흥미로운 글이다. 여성들 사상 또한 서로 다르고 개성도 다르기 때문에 상호 간에 대항의식과 절차탁마切磋琢磨 속에서 전개되었다는 것은 말할 필요도 없을 것이다.

히라쓰카가 그 때부터 요사노의 동향에 강한 관심을 나타내고 요사노의 문제의식을 받아들이려는 강한 의욕이 있었던 것에 대해 아라이 도미요荒井とみよ는 다음과 같이 지적한다.

아라이에 의하면 히라쓰카의 유명한 권두언 "원래 여성은 태양이었다. 진정한 인간이었다. 오늘날의 여성은 달이다. 타인에 의해 살고 타인의 빛에 힘입어 빛나는 환자와 같은 창백한 얼굴의 달이다"라는 구절은 요사노의 권두시 「생각나는 말そぞろごと」의 마

23) 平塚らいてう, 『元始,女性は太陽であった』 ①, 大月書店, 1992, 340면.

지막 부분인 "이 안에 창백한 얼굴은"을 강하게 의식하여 쓴 것[24]이라고 한다.

천성적인 재능에 꽃을 피워 남성들 사이에서 고군분투孤軍奮鬪하는 요사노에 대해 히라쓰카는 여성 연대에 의한 남성중심주의 사회에 대항하는 페미니즘을 명확히 제시하고 있다. 여성 자신들이 안고 있는 사적인 문제를 솔직하게 표현하는 것이 사회문제에 도발적인 문제제기를 던지는 것이라고 생각했던 것이다. 이와 같은 새로운 운동 스타일은 당시 남성들뿐만 아니라 자력으로 사회적 지위를 얻고 있었던 여성들에게도 커다란 위화감을 불러일으켰다. 왜냐하면 그것은 그녀들이 무의식적으로 받아들이고 있었던 지배 젠더이데올로기에 저촉되는 것이었기 때문일 것이다.

1898년 민법이 시행되면서 근대 일본 여성의 삶의 방식은 이에家제도의 유지를 위해 헌신하는 현모양처가 되는 것이라고 정해졌다. 『청탑』 여성 그룹은 막 정착하려는 근대 일본의 젠더이데올로기와 정면으로 부딪치고 있었다. 이에제도는 가장인 아버지에게, 결혼 후에는 가장인 남편에게 복종하는 것이 의무화되어 있는 것이 여성들의 삶인데 이러한 남성지배 논리에서 탈피하여 여성들만의 공동체를 만든 것 자체가 이미 반역적이었다.

언뜻 보기에 추상적인 언어의 나열로 보이는 히라쓰카의 권두언은 당시에 억압당하고 있었던 여성들을 근본적으로 흔들어놓았다. 그렇기 때문에 여성들은 말 그대로 자신 스스로가 빛을 내는 태양이 아닐 수 없는 히라쓰카를 중심으로 결혼제도에 이의異議를

---

24) 荒井とみよ, 「母性認識のめざめ」, 『母性を問う』 下(脇田晴子 編), 人文書院, 1985, 133면.

제기하고 개인적인 문제를 서로 이야기하는 것으로 근대의 '성性을 이용한 정치'를 흔들어 놓는 도전적인 논점을 세상에 던진다.

'자유민권 부인론'에서 '사회주의 부인론'으로 이동한 후쿠다 히데코가 목표로 한 것은 참정권이나 노동권 등 공적권리의 획득에 있었던 것에 비해 『청탑』 여성들의 관심사는 공적권리 문제가 아니고 여성의 삶生과 성性이라는 지극히 사적인 문제에 있었다.

그 이유를 그녀들 자신들이 부르주아였다는 계급적 문제에만 한정할 수는 없을 것이다. 민권론이나 사회주의가 일본에서 국가론과 밀접하게 관련성을 가지고 논의되고 있었음을 상기한다면 당시 그녀들의 최대의 적이었던 이에제도와 관련된 국가에 대한 문제에 관여한다는 것을 혐오했던 사정도 분명히 있다. 그녀들은 무지각적이기는 했지만 국가가 여성에게 강요하는 이데올로기 장치에 등을 돌리는 것으로 오히려 국가를 초월한 아나키적인 경향을 제시했던 것이다.

이렇게 본다면 『청탑』이 간행된 1911년에 대역사건大逆事件[25] 공판이 있었던 해였다는 것은 생각보다 큰 의미를 갖는다. 근대 일본의 국가형성에서 중요한 이데올로기가 천황제 국체사상, 그것을 지탱하는 이에제도가 바로 그것이다. 대역사건이 천황제 국체사상에 대해 이의를 제기한 것이라면 『청탑』은 이에제도에 대해 이의신청을 단행한 것이다. 현대까지 이어지는 남성중심주의

---

25) 1882년에 시행된 구형법旧刑法 116조 및 일본제국헌법제정 후인 1908년에 시행된 형법 73조가 규정하고 있는 천황・황후・황태자에게 해를 끼치는 행위에 대한 죄 즉 대역죄大逆罪가 적용되어 처벌을 받는다. 1910년과 1911년에 사회주의자 고토쿠 슈스이幸德秋水가 천황암살을 기획했다가 검거된 사건을 대역사건이라고 부른다(역자 주).

역사의식에 있어서는 전자가 과대평가되고 후자가 거의 무시된다. 그렇다고는 하지만 근대 일본을 지탱하는 성性 질서를 흔들어 놓은 그녀들의 과격한 행동은 일반 세간에서 뿐만 아니라 깨쳐있었다고 하는 지식인들로부터도 과잉반응이라고 할 정도로 비난받았다. 이에 비하면 공적권리 획득운동은 현모양처라는 틀 안에서의 주장이었기 때문에 남성들 지지를 얻기 쉬웠다고 말할 수 있을 것이다.

『청탑』 여성들은 당시의 젠더 질서에서 이탈한 섹슈얼리티를 당당하게 추구하고 있었다. 여성들 에로스eros와도 관계되는 쾌락을 주장하였고 여성입장에서 사랑과 성에 대한 능동적인 자기표현을 모색하였으며 여성들에게 강요해 온 일반 통념을 재검증하려는 시도가 나타났다.

생식용生殖用과 쾌락용快樂用으로 구분하는 남성주의적 성 규범이 당연시되던 시대에 여성들이 자신들의 언어로 사랑과 성에 대해 당당하게 잡지나 신문지상에 논하기 시작한 것이 얼마나 당시 사회를 놀라게 하고 있었는지는 『청탑』을 발행금지 처분한 당시 경찰담당자의 말에서 알 수 있다.

> 근래에 들어 신여성에 관한 많은 논쟁이 있는데 (…중략…) 신문 잡지 소설에 자주 외설적 표현이 노골적으로 나타나는데, 이는 우리 나라 고래古來의 도덕 파괴를 부르짖는 여성의 남성에 대한 순종을 비난하는 것은 유감스러운 현상이다. 청춘남녀의 장래에 여성의 정숙과 도덕을 손상시키는 이와 같은 글은 세상에 소개하지 말기를 간절히 바란다.[26]

『청탑』의 많은 문제제기 중 특히 주목받는 것은 견해 차이를 분명히 밝히면서 대립을 두려워하지 않고 과감하게 논쟁한 정조 논쟁貞操論爭 · 낙태논쟁落胎論爭 · 폐창논쟁이었다.

이 논쟁으로 말미암아 근대 일본의 성 이데올로기가 가진 내적 모순이 선명하게 떠올랐다. 남성중심의 이에제도를 지키기 위해 여성에게 정조를 강요하고 낙태를 금지하고 공창제를 용인하는 한편 여성에게는 남성의 성적욕망 대상이 될 것을 강요하는 여성의 이중적 역할에 대한 논점이 부상되었다.

그러나 아직 이를 고발하고 있는 여성 자신들이 자신들을 궁지로 몰아넣고 있었던 남성중심사회의 젠더이데올로기나 성 이데올로기를 충분히 상대화相對化하지 못했기 때문에 논쟁이 무산될 가능성이 있었다. 그렇지만 이러한 문제가 종래 남성들과 같은 관리적 입장이 아니라 여성들 자신에 의한 절실한 문제의식 속에서 주장되었었다는 것은 현재적 관점에서 보아도 그 논쟁은 질 높은 수준의 것이었다.

이쿠다 하나요生田花世는 정조 논쟁에서 여성의 노동이 여성의 성적性的 위기 상황에서밖에 성립할 수 없는 남성중심사회의 노동 조건을 날카롭게 비판하고 있다.

> 말할 것도 없다. 여성은 혼자서 자립하지도 못한다. 굶어 죽을 것이다. 궁핍하게 살 수밖에 없는 약점이 있다. 지금의 일본사회는 어쩔 수 없이 혼자가 된 여성조차도 독립할 수 없게 만드는 곤란한 현실이다. 과연 여

26) 清水孝, 「裁かれる大正の女たち」, 『資料・性と愛をめぐる論爭』(折井美耶子), ドメス出版, 1991, 14~17면.

성이 사무원이 되어 자신의 입에 풀칠한다고 해도 그 귀한 정조를 온전하게 지켜낼 수 있을까. (…중략…) 지금 일본의 가족제도 및 사회제도가 여성을 이렇게 곤란하게 만드는 사회이다. 여성에게 재산을 소유할 수 없도록 하는 법률이 있는 한, 여성에게 직업이 없는 한, 여성은 영구히 '먹고 사는 것과 정조' 전쟁 속에서 아마도 날마다 100명의 여성은 정조보다는 먹고 사는 것을 먼저 생각할 것이다. 우리 여성들에게 재산과 직업이 없는 것은 정말 잊을 수 없는 재난이다.[27)]

이것은 근대 일본의 가족제도와 사회제도가 여성의 경제적 능력을 철저하게 제한하면서 성립되었고 그 결과 여성은 자력으로 생활하기 위해서 자신의 성을 희생할 수밖에 없는 가혹한 상황 속으로 몰아넣고 있었던 것을 고발하고 있는 중요한 문제제기였다.

이 문제는 오늘날에도 여성이 자력으로 생활해가기 위해서는 노동현장에서 성적 위기를 극복해가지 않으면 안 되는 문제 다시 말하면 직장에서의 성희롱 문제를 해결해가야 하는 것과 연결되어 있다. 그러나 이러한 이쿠타의 귀중한 문제제기의 의미는 여성의 노동권 자각이 희박했던 당시에는 충분히 이해받지 못했던 것 같다. 야스타 사쓰키安田皐月는 여성의 정조 문제에 논점을 바꾸어 논쟁을 개시한다.

이쿠타 씨는 인간으로서 산다는 것이 무엇인지를 잊고 있는 것 같다. 아니 알지 못하는 것이 아닌가하는 생각이 든다. 존귀한 보석처럼 '정조

27) 生田花世, 「食べることと貞操と」, 『資料・性と愛をめぐる論争』(折井美耶子), ドメス出版, 1991, 14~17면.

를 지키지 않고는' 살 수 없고 '정조를 지키면서 그 안에서 자유롭게 사는 자신의 생활을 지켜야 한다'는 것은 약자의 일시적인 변명이 아닌 다음에야 바른말이라고 볼 수 없다. 자신을 '모멸했다'라든가 '모멸을 당했다'라는 말처럼 상처받는 말이 어디 있겠는가. 그러나 단순하게 먹고 사는 일이라면 벌레도 그렇게 산다. 생물은 모두 자기 자신을 먹고 산다. 게다가 굶어 죽는 것이 싫어서 자신의 몸을 팔 정도의 영악한 동물이 인간 말고 또 있을까.[28)]

야스타가 지적하는 '정조'가 이 경우에는 지켜야 할 것이 아니라 자신의 생존 기반으로서의 성 권리로 취급하고 있다는 점에 주목하고 싶다. 이 논점은 획기적이지 않을 수 없다. 또한 그녀의 날카로운 '근대적 의식'을 엿볼 수 있다. 그렇지만 그녀에게는 이러한 여성의 기본적 생존권인 성 권리가 근대 일본사회에서 짓밟히는 것에 의해서만 확인될 수 있다는 가혹한 현실 사회의 인식이 결핍되어 있었다.

그렇기 때문에 논점이 노동 현장이나 가정 안에서 여성의 성 인권 주장이라는 방향으로 나아가지 못하고 어떠한 사태에 있어서도 여성은 자신의 정조를 지켜야 한다는 도덕론 문제로 왜소화되어 버린 것이다.

여성의 성性을 사회나 국가를 위해 이용한다는 것을 당연시했던 근대사회의 모습에 비판적 인식을 갖지 못하는 한 문제점은 근대적 젠더이데올로기가 강요하는 일부일처제적 성 도덕을 둘

28) 安田皐月, 「生きる事と貞操と」, 위의 책, 21면.

러싼 문제로 전개될 수밖에 없다. 그리고 그러한 논쟁이 어떠한 결론에 도달하든지간에 결국은 여성 자신이 자신들의 목을 조르는 일이 아닐 수 없었다. 이러한 함정을 눈치 채고 있었던 이토 노에伊藤野枝는 남성의 성이 너무 방치되어 있는 것을 지적함과 동시에, 여성이 지나칠 정도로 일부일처제 성도덕을 내면화하여, 정조나 처녀성 관념에 자승자박自縄自縛하고 있는 상황을 의문시하고 "습관타파, 습관타파"라며 절규했다.[29)]

이러한 이토의 외침 속에서 근대국가의 성 질서를 초월한 아나키적인 방향을 도출한 것이 오스기 사카에大杉榮였다. 오스기는 무정부주의자로서 성 관리가 근대국가 성립의 근저에 깔려 있음을 꿰뚫고 있었다. 그러한 관점에서 정조를 존중하는 감정, 처녀를 귀중히 여기는 감정, 수치를 알아야 한다는 감정 등은 결코 여성에게 있어서 '본능적인 것'이 아니라 '사회적 원인에 근거한 것'이라고 지적[30)]했다.

이것은 『청탑』이 아직 충분히 자각하지 못한 채 방치한 문제, 즉 기성의 성 질서에 대해 이의를 날카롭게 제기한 오스기만이 할 수 있는 반응이었다.

히라쓰카 라이초는 논문 「처녀의 진가處女の眞價」에서 아직 근대연애 환상의 틀에서 머물고 있었다.[31)] 그 관점에서 오스기는 비판하고 있었다. 이에 대한 답변으로 그녀는 '차별적 성도덕에 대해'에서 성도덕의 사회적 성격에 언급하며 성 이중규범 문제를

29) 伊藤野枝, 「貞操についての雜感」, 위의 책, 65면.
30) 大杉榮, 「處女と貞操と羞恥と」, 위의 책, 81면.
31) 平塚らいてう, 「處女の価値」, 위의 책, 65면.

다루었지만, 오히려 그것은 국가적 관점에 근거한 성도덕 수정을 주장하는 것[32]에 그치고 있다고 논했다.

여성의 성을 찬탈하는 사회에 대한 이의 제기로 시작했던 정조 논쟁이 당시 유포되기 시작했던 근대적 연애 환상에 발목을 잡혀 개인의 내면적 문제로 수렴된 것은 성과 노동에 관계되는 문제였던 만큼 아까운 생각이 든다. 이 문제가 사회적 문제 해결을 위한 방향으로 진행되었다면 노동운동이론에 성차별 관점이 도입되는 계기가 될 수 있었을 텐데 말이다.

낙태논쟁에서 야스다 사쓰키安田皐月는 '생식 자기결정권'에 대해 날카로운 문제제기를 하였다. 앞에서 언급했듯이 여성의 기본적 생존권으로서 성 권리를 주장했던 그녀였기 때문에 가능한 논점이었다. 그녀는 수태 죄로 재판에 회부되어 있는 여성을 예로 들며 여성의 내적갈등에 대해 다음과 같이 적나라하게 토로한다.

> 부모는 처음부터 '자신의 계승자로서 아이를 낳는다'는 것을 조금도 의식하지 않고 아이를 낳습니다. 적어도 저는 그러했습니다. 물론 아이에게 '나를 낳아주십시오'라고 부탁받지도 않습니다. 무의식중에 준비도 제대로 되어있지 않은 사이에 귀중한 생명을 낳는 것, 게다가 그 책임을 져야한다는 자각도 없다면 이렇게 무서운 일이 세상에 또 있을까요. 생명을 '단독적'으로 그냥 만들어서 체외로 내보내는 일이라면 눈물을 머금고라도 참을 수 있지만 그것은 '단독'이 아니라 모태母胎 속에서 자란 생명이기 때문에 어머니가 태아의 행복을 위하여 자신의 판단대로

32) 平塚らいてう, 「差別的性道徳について」, 위의 책, 122면.

낳고, 낳지 않는 것에 대해서 '어머니 권한'이라고 생각합니다. (…중략…) 이렇게 생각하는 동안 저는 저의 책임감을 다하기 위해서 이렇게 낙태할 수밖에 없었습니다.[33]

야스다는 여성을 아이를 낳는 도구로만 간주해 온 전통에 반대하여 생명을 이 세상에 보내는 존재로 여성의 생식책임에 대해 날카로운 질문을 던졌다. 그녀는 생식에 관해서 여성이 이 정도로 실존적으로 느끼고 있는데 이를 무시하고 여성의 생식능력을 국가의 성 관리시스템으로 다루는 것, 즉 '여성의 생식 자기결정권'을 찬탈하는 국가를 고발한 것이다.

야스다는 문제를 개인의 입장에만 한정하지 않고 국가시스템을 묻는 사회적 관점을 제시하고 있었다. 그렇지만 이러한 야스다의 문제의식은 오히려 수태의 옳고 그름이라는 개인적인 문제로만 수렴되었다. 이 논쟁을 왜곡한 것이 이토 노에이다. 이토는 수태문제를 절대적 생명긍정주의자 입장에서 야스다를 다음과 같이 비판한다.

아이를 낳는다는 것이 고통스럽거나 두렵다는 생각이 든다면 그 때는 피임을 하면 좋을 듯싶습니다만, 일단 임신을 한 상태에서 낙태가 그렇게 쉬운 일은 아니라고 생각합니다. 저는 매우 이상하다는 생각이 듭니다. 여하튼 그 아이가 잘 자랄지 나쁘게 자랄지 어떻게 커갈지는 모르는 일입니다만 생명이 잉태된 것은 사실입니다. 그 하나의 생명이 어떠한

33) 安田皐月, 「獄中の女より男に」, 위의 책, 138면.

운명 아래 잉태된 것인지는 아무도 모르는 일입니다. 그것을 자신의 형편에 맞추어 '생명'을 죽인다는 것은 어떠한 구실이 있든지 간에 '생명'에 대한 모욕이며 '생명'을 경시하는 행위입니다.[34]

이토의 아나키즘은 국가성립 이전의 '원시적 자연 생명원리'에 근거한 것이고 근대국가의 성 관리에 대한 시점이 기본적으로 결여된 것이었다. 당시 '생명주의'·'생명파'의 표현을 통해 유포하고 있었던 '원시적 자연'에 대한 환상은 근대국가의 성 관리시스템에 흡수되지 않은 민중에 대한 지식인의 동경에 바탕을 두고 있었다. 그렇지만 민중의 성적 자유가 가혹한 현실에서는 아이를 버린다거나 아이를 낙태하게 되는데 그것은 국가의 성 관리시스템강화의 프로세스 중에 '여성의 성 억압'에 사용되고 있다는 문제에 대해서는 고찰하지 않았다.

한편 히라쓰카는 단순한 생명찬가로만 가지고는 문제가 해결되지 않는다는 것을 꿰뚫고 있었다. 그녀는 엘렌 케이[35]의 부인

34) 伊藤野枝, 「私信－野上弥生様へ」, 위의 책, 145면.

35) 엘렌 케이Ellen Key는 스웨덴의 사상가이며 교육자이다. 스웨덴은 공업근대화의 과도기에 여성·아동의 노동력을 수탈하여 노동자 전체의 임금저하를 초래하고, 이에 따라 어려운 가계를 보조하기 위해 더욱 여성·아동의 노동에 의지할 수밖에 없는 악순환을 되풀이하였다. 케이는 이러한 현상이 가정교육 부재와 학교 교육 편중의 폐해를 가져왔다고 비판하면서 여성·교육·노동 등 문제의 구조적 성격을 규명하는 종합적 연구를 실천하였다. 이 연구의 목적은 당시 사회 전반에 걸쳐 있던 크리스도교 교리와 현실생활 사이의 이원적 분열 및 그에 수반하는 폐단을 극복하기 위한 일원적인 사상 기반을 만드는 데 있었다. 모성존중과 가정교육, 아동의 자유로운 활동을 중요시한 모성지상주의는 뒤에 여성운동의 사상적 지주가 되었다. 저서로 『아동의 세기』(1909)·『연애와 결혼』(1911)·『모성의 실현』(1914) 등이 있다(역자 주).

론에 근거하여 여성의 성에 내포된 개個 원리와 종種 원리의 충돌을 다루며 여성의 성 자기결정권으로서 피임과 낙태를 문제화할 필요성이 있다고 논했다. 그렇지만 역시 근대국가의 성 관리시스템에 대한 언급이 결여된 점은 여성의 자기결정권의 의미가 '결국 선택을 해야한다'는 방향으로 유도된 것에 관해서는 문제점을 남겼다.

히라쓰카는 국가가 강요하는 이데올로기에는 반발했지만 아나키적인 경향을 극복하는 방향으로 보다 '주체적'으로 국가에 공헌할 수 있는 방향을 모색하고 있었다. 이런 점에서 아주 전형적인 일본적 근대인이라고 말할 수 있는 히라쓰카는 개인의 자발적인 성 관리가 동시에 국가적 이익이 될 수 있다는 논리를 모색했던 것이다. 히라쓰카는 "인간 성 생활의 진정한 도덕적 의의는 개인의 행복과 종족種族의 이익이 조화를 이루어야 하는 것"[36]이라고 설명하였다. 히라쓰카는 사랑에 근거한 자각적인 출산을 찬양하는 한편 무지각적인 임신이나 위험한 출산의 폐해를 예로 들며 우생사상과 연결되는 관점을 다음과 같이 지적했다.

> 어떤 사람은 알콜 중독자이기도 하고 결핵 환자이기도 하며 나병 환자이기도 하고 병자이기도 하며 심한 정신병 환자이면서 생식에 관계하고 있고, 육체적으로 혹은 정신적으로 허약하고 불건전한 도저히 보통 생활을 하지 못하는 사람들이 아이를 임신하여 사회에 내보내고 있습니다. 게다가 자신들의 향락 때문에 아이의 건강을 희생시키는 것을 어쩔

36) 平塚らいてう, 「避妊の可否を論ず」, 위의 책, 191면.

수 없는 것이라며 자신을 반성하지 않습니다. 그 뿐만 아니라 국가도 이렇게 사회에 중대한 이해관계가 있는 국민들의 생식사업을 모두 개인의 자유에 맡겨 법률 하나 제한을 하는 일이 없는 것이 우리 나라의 형편입니다.[37)]

히라쓰카는 자각적인 출산이 국가의 이익과 합치된다는 것으로 보고 자신들의 성은 자신들이 관리해야 한다고 주장한다. 그렇지만 무지각적인 존재나 환자들의 성은 국가의 관리를 필요로 한다는 차별적인 발언을 했다.

히라쓰카가 목표로 한 것은 여성의 성 해방이 국가에 의한 성 관리시스템을 돌파하는 것에 있었던 것이 아니라 국가에 의한 성 관리시스템에 오히려 편입되어가는 것이었다. 즉 『청탑』이 출발할 당시의 사회적 분위기는 국가의 성 관리시스템이 외부로부터의 강제적인 형태가 아니라 여성들 자신에 의한 자발적 선택에 의해 내면화해 가는 필요불가결한 하나의 프로세스였다고 말할 수 있을지도 모른다.

이 논쟁은 수태죄의 부당성이나 수태에 대해 여성을 궁지에 몰아넣는 남성 측의 문제를 전혀 문제 삼지않게 되며 여성이 책임져야 하는 수태나 피임이 문제되는 것은 결국 여성이 국가의 관리나 보호에 흡수되어질 수밖에 없다는 교훈을 시사하고 있는 것이다.

'폐창논쟁'은 크리스트교의 순결 이데올로기에 근거한 구원적

---

37) 위의 글, 191면.

救援的 입장에서의 폐창운동에 대해 이토 노에의 반발로 시작된다. 창부들을 천시하는 부인교풍회婦人矯風會 운동가들의 교만한 태도와 국가의 명예를 위해 공창제도 폐지를 요구하는 위선적인 태도에 이토가 반발한 것이다. 그녀는 매춘에 대해서 반대하면서도 성욕 그 자체를 폄하하는 교풍회적 순결주의를 인정하지 않는 입장을 내세웠다.

> 사회 제반사에는 매우 미미한 것일지라도 그것이 생겨나기까지는 반드시 확실한 뿌리가 있으며 아마 그 개인만이 간직한 어떤 사연이 있었을 것이라고 나는 생각한다. 특히 그것이 사람들 사이에 하나의 사회문제인 모든 것에는 외부적 힘만으로는 움직일 수 없는 뿌리를 가지고 있다고 본다. 또한 역사를 가지고 있다고 나는 생각한다. (…중략…) 그녀들이 지적하듯이 화류계 여성들이 행하고 있는 일이 천박한 일이라 할지라도 그러한 업종이 사회에 인정받고 있는 것은 누구나가 알 수 있듯이 남성들의 욕망과 긴 역사가 뿌리를 내리게 했던 것이다. 그것은 반드시 존재해야 할 이유를 가지고 있는 것이다. 예를 들어 그녀들이 6년을 일했든 10년을 일했든 그것을 폐업시킬 수 있다고 누가 말할 수 있겠는가.[38)]

성욕과 생명을 자연스러운 것으로 보는 당시의 생명주의적 아나키즘 영향이 확연하게 보인다. 이토는 이러한 아나키즘이 말하는 생명주의적 성욕이 실은 어디까지나 남근중심주의적이라는 것을 깨닫지 못하고 있었다.

---

38) 伊藤野枝, 「傲慢狭量にして不徹底なる日本婦人の公共事業に就いて」, 위의 책, 206면.

성욕의 긍정이 남근주의 긍정에 연결되어 결과적으로 그것이 매춘제도의 긍정이라는 궤변으로 사용되고 있는 즉 아나키즘적 자유연애의 함정에 이토는 빠져있었다.

이러한 이토의 '자기모순'을 비판한 것이 아오야마 기쿠에青山菊榮(후에 야마카와 기쿠에山川菊榮―역자 주)였다. 아오야마는 냉정하고 논리적인 태도로 일본의 봉건적인 성문화가 낳은 공창제도의 특수성을 명확히 하며 폐창제도의 의의를 옹호하면서도 남성중심 사회에 의한 성 착취 관점을 배제하고 성욕문제를 논하는 몰이성沒理性을 날카롭게 비판했다.

> 당신은 '남성 천성의 요구'라고 말씀하시는군요. 그러나 제가 조사한 바에 의하면 매춘은 부적절한 남녀관계의 설정에 의해서 생겨난 것으로 남성의 선천성에 의한 것이기보다는 사회제도에 의해서 생겨난 것이라고 생각합니다. 여성을 구속하면 할수록 그에 비례하여 더욱 번성하는 것입니다. 그러니까 여성을 구속하지 말고 자유를 준다면 자연스럽게 소멸될 것입니다. 가령, 백보 양보하여 그것이 남성들의 천성에 의한 요구라고 하더라도 그것에 반대하는 남성들도 많이 있습니다. 그런데도 당신은 이 제도를 인정하십니까. 남성 천연의 요구라고 한다 하더라도 여성에게 불합리한 제도라면 저는 절대로 받아들일 수 없으며 반대합니다.[39]

『여자 2대기おんな二代の記』에 의하면 당시 아오야마는 평민강연회平民講演會에 출입하면서 사회주의를 배우기 시작했다고 한다.

---

39) 山川菊榮,「日本婦人の社會事業に就て伊藤野枝氏に与ふ」, 위의 책, 216면.

아오야마는 바로 이시기에 이토의 무책임한 방임放任론에 놀라서 『청탑』에 논고를 투고했다고 한다.40)

아오야마가 성의 사회성에 대해서도 이미 이론적 시점을 소유하고 있었던 것은 주목할 만하다. 또한 신여성이라고 불리던 『청탑』 여성들조차도 무지각적이었던 남성의 성욕중심주의를 날카롭게 비판하고 있는 것은 매우 신선하다.

사회주의나 아나키즘을 신봉하던 운동가들은 성욕이 남성중심적인 사상이라는 것에 의문을 갖지 않았고, 아오야마는 그것을 여성운동가들이 인정하는 것에 비판적인 문제의식을 가지고 있었다. 당시 오스기 사카에와 가미치카 이치코神近市子, 이토 노에 사이에 성적 스캔들이 있었고 여성들의 성 봉사를 당연시하는 성 이데올로기를 내면화하는 것은 공창제도 긍정론과 연결된다는 것을 아오야마는 꿰뚫고 있었던 것이다.

이러한 논쟁에 종지부를 찍듯이 그녀는 야마카와 히토시山川均의 권유로 『신사회新社會』에 매춘제도의 사회적 기반에 대해 이론적 분석을 전개했다. 아오야마는 "매춘제도의 기초를 이루고 있는 것은 사유재산제도의 확립에 의한 부富의 차이와 여성의 굴복이다. 그렇기 때문에 사유재산제도 위에 성립된 현재의 사회조직이 근본적으로 개혁되지 않는 한 어떠한 예방책과 치료책도 매춘업의 존재를 근절할 수 없다"41)고 단정한다. 그리고 "'정조'란 남성의 여성에 대한 독점 희망에 의해 생겨난 것으로 여성의 개성

40) 山川菊榮, 『おんな二代の記』, 岩波書店, 1982, 167면.
41) 山川菊榮, 「現代社會と賣春婦」, 『資料・性と愛をめぐる論爭』(折井美耶子), 240면.

을 위축시키고 본능을 억압하는 요구이며 구속을 위한 미명美名일 뿐이다"[42]라고 주장한다.

아오야마는 사회주의 관점에서 공창제도가 국가의 성 관리시스템의 일환이라는 것이다. 그녀는 그렇기 때문에 사회 변혁 없이는 여성의 성 해방이 불가능하다는 것을 분명히 했다. 아오야마는 성 관리시스템이 근대국가의 계급억압 수단으로서 필요불가결한 것으로, 이를 개혁하지 않고 여성의 성 도덕을 논하는 것은 여성의 목을 죄는 것에 불과한 것이라고 지적했다. 마지막으로 이러한 인식을 갖지 못한 여성들의 논쟁이 얼마나 에너지 소비였던가를 지적했다.

한편 아오야마와 다른 시점에서 국가와 성 문제를 접근하고 있었던 히라쓰카는 폐창운동에 대해서 사회 개량적 의의를 인정하면서도 형식적인 일부일처제 도덕에 관해서는 비판적이었다. 그렇지만 히라쓰카가 근대국가 성 관리시스템으로서 일부일처제 그 자체를 문제시하고 있었던 것은 아니다. 히라쓰카는 형식적이지 않고 실질적인 일부일처제 연애 도덕의 열성적인 고취자였다.

히라쓰카로 대표되는 『청탑』 여성들의 연애찬미는 얼핏 보아 근대국가가 강요하는 젠더이데올로기에 반대하는 것처럼 보이지만, 결과적으로는 국가 성 관리시스템을 보강하는 역할을 담당했던 것이다. 그녀들이 이상理想으로 삼은 연애논리로서의 근대적 일부일처제야말로 여성의 헌신을 착취하기 위한 가장 유효한 장치였다는 것에 그녀들은 무지각적이었던 것이다. 아오야마 키쿠

42) 위의 글, 250면.

에는 사회주의에 바탕을 둔 냉철한 시점을 가졌기 때문에 로맨틱한 연애환상의 기만을 폭로하는 것이 가능했던 것이다. 하지만 그녀 나름대로 반드시 국가를 초월한 성의 새로운 관점을 제시한 것은 아니었다.

『청탑』 잡지에서 전개된 논쟁은 중요한 문제 제기를 남기면서 또한 그것을 전부 소화해내지 못한 채 끝나버렸다. 그것은 근대 일본의 젠더이데올로기가 부과한 이중적 상황을 어떻게든 넘겨 보려는 그녀들의 악전고투의 궤적이었다. 그렇지만 결과적으로 보면 그녀들의 그러한 논쟁에 의해 젠더이데올로기를 넘기는커녕 그것을 더욱더 강하게 내면화해 버리는 방향으로 흘러갔다. 반발하는 것으로 보다 깊이 학습해버리는 그곳에 근대이데올로기의 교묘한 장치가 있었는데 그것이 '젠더규범'에서 가장 선명하게 나타났던 것이다.

3. '모성주의' 페미니즘

근대 일본의 페미니즘은 후쿠다 히데코福田英子의 여권주의, 히라쓰카 라이초를 중심으로 한 『청탑』의 여성주의를 거쳐 다카무레 이쓰에高群逸枝의 모성주의로 급속히 전개되어 갔다. 그것은 국가가 강요하는 근대 일본의 젠더이데올로기의 반발로부터 자발적인 내면화로 일변一變해가는 행보였다. 그것은 또한 의식적으로

후쿠다 히데코(福田英子)의 초상화

국가와 동떨어졌던 사적영역에서 출발점을 가졌던 페미니즘이 어쩔 수 없이 국가와 대치해 갈 수밖에 없었다. 그 결정적인 분기점이 된 것이 바로 1918년부터 전개된 모성보호 논쟁이다.

일본 페미니즘에서 모성주의의 우위를 결정한 것은 히라쓰카 라이초이다. 히라쓰카의 전기인 『원래 여성은 태양이었다元始,女性は太陽であった』를 읽어보면 그녀의 페미니즘이 자아주의에서 모성주의로 전환한 것은 그녀 자신이 여성으로서 성숙해가는 것과 연동하고 있다는 느낌이 들어 그럴듯하게 보인다. 그러나 바로 그 점에서 그녀 자신이 저항했던 근대 일본의 젠더이데올로기에 편입된 것에 대한 자기정당화 논리를 읽어낼 수 있을 것이다.

히라쓰카가 주장한 여성의 성 해방 주장은 이미 상반된 두 가지 방향을 내포하고 있었다. 하나는 일본전통적인 남존여비사상과의 결별에서 생겨나는 근대적 연애환상과 또 하나는 근대 일본이 강요하는 젠더이데올로기에 대한 반발로서의 여성중심주의이다. 모리타 소헤森田草平의 '담배'사건을 겪으면서 남성중심주의적 연애환상의 기만을 꿰뚫어 본 히라쓰카는 오히려 후자 쪽의 경향이 강했다. 예를 들어 오다케 고키치尾竹紅吉와의 동성애, 성역할을 포기한 듯한 오쿠무라 히로시奥村博史에게 청한 구혼 등에서 알 수 있듯이 근대 일본의 젠더 규범에 대한 분명한 반발이었다.

국가가 강요하는 혼인신고 등록을 거부하고 1914년 오쿠무라와 동거생활에 들어간 히라쓰카는 정당화하는 인상을 주듯 근대 일부일처제 연애환상을 강하게 주장했다. 그녀가 엘렌 케이에게 심취해 있었을 때부터 오쿠무라는 서양 근대 젠더이데올로기의 좋은 사도使徒였던 것이다.

그녀의 결혼은 표면적으로 이에제도로부터 탈피한 것처럼 노동을 싫어하는 남편과 어린아이들을 위해 실질적으로 가장 역할을 했던 것은 서양 근대 성별 역할분업 이데올로기에 수렴되지 않는 측면이 있었다. 히라쓰카는 자신의 선택에 대해 주저함이 없었던 것처럼 보이지만, 자신의 전기에 다음과 같은 구절이 있는 것으로 보아 그녀의 복잡한 심정이 있었음을 엿볼 수 있다.

> 오쿠무라는 내가 밤샘작업을 하지 않으면 안 되는 상황에서도 자신은 지병이 있어 쉬지 않으면 안 된다고 하여 아이가 울어도 결코 도와주지 않았습니다. 내가 간병해 주었던 적도 있습니다만 그 이후의 생애를 생각해보아도 오쿠무라는 나보다 몇 배 잠을 잤는지 모릅니다. 적어도 3배는 더 잤을 것입니다.[43)]

어린아이처럼 자기중심적인 남편을 이해하면서 생활비를 벌며, 두 아이를 양육하지 않으면 안 되었던 히라쓰카는 오늘날의 입장에서 보면 이중노동을 자발적으로 받아들인 것으로 보인다. 그녀는 그러한 가혹한 상황을 정당화한 페미니즘을 과감하게 창출해

43) 平塚らいてう, 『元始,女性は太陽であった』 ③, 19면.

냈다. 여성의 자기실현을 개인으로서가 아니라 모성에서 찾는 모성주의 페미니즘이 바로 그것이다. 그녀는 자신의 사상적 논거를 엘렌 케이에서 찾았지만 그녀의 고통스러운 생활의 경험이야말로 사상의 토양이 되었다고 할 수 있을 것이다.

1918년 모성주의 논쟁이 일어난 배경으로 당시 머리를 들고 있었던 개個의 논리에서 종種의 논리로 이행해가고 있었던 당시의 풍조를 짚어 볼 필요가 있다.

11명의 자식을 둔 어머니였던 요사노 아키코는 모성을 거부했을 뿐만 아니라 종 이론을 우선하고 있던 사회풍조에 초조함을 느끼고 있었다. 그녀는 출산이나 육아도 남녀 간의 개個적인 일이라고 주장하고 국가 경영상의 모성보호를 요구하는 논리에는 비판적이었다.

> 나는 서구 여성운동과 관련시켜 임신·분만 시기에 여성들이 국가를 향해 경제상 특수한 보호를 요구하자는 주장에는 찬성할 수 없습니다. 이미 생식적 봉사에 의해 부인이 남성에게 기식寄食하는 것을 노예 도덕이라고 보는 우리들은 동일한 이유에서 국가에 기식하는 것을 그만두지 않으면 안 됩니다. 여성은 어떠한 경우에 있어서도 의존주의를 취해서는 안 된다고 생각합니다. (…중략…) 생식에 관한 책임은 철저하게 부부에게 있는 것입니다. 사망이라는 이유에 의해 부부 중 어느 한쪽이 존재하지 않을 때에는 산 사람이 전 책임을 지지 않으면 안 된다는 각오로 실력을 갖추지 않으면 안 됩니다.[44]

---

44) 与謝野晶子, 「女子の徹底した獨立」, 『資料・母性保護論争』(香内伸子 編), ドメス出版, 1984, 85면.

근대적 연애환상 강조에 의해 종種 이론과 연결되기 쉬운 모성 중심주의를 절단하려고 하는 요사노 아키코에게 히라쓰카는 정면으로 도전하고 있었다. 그녀는 여성이 '어머니'가 되는 것은 개인적 영역을 넘어 사회적이고 국가적인 아니 그를 넘어 인류적인 존재가 된다고 다음과 같이 주장한다.

> 아이를 자신이 낳았다고 하더라도 자신의 사유물私有物이 아니고 사회 혹은 국가의 것입니다. 어린이의 숫자나 질의 우열은 국가사회의 진보발달과 장래의 운명에 지대한 영향관계가 있기 때문에 아이를 낳고 기르는 어머니의 역할은 이미 개인적인 것이 아니고 사회적이고 국가적인 역할인 것입니다. 그리고 이러한 일은 여성만이 할 수 있는 사회적 의무이며 그것은 또한 아이를 낳고 기르는 일뿐만 아니라 좋은 아이를 낳고 잘 키워야한다는 이중의 의무를 지고 있습니다. 다른 일에 손을 빼앗길 틈이 없는 것입니다. 그렇기 때문에 국가가 의무를 다하는 어머니에게 충분한 보수를 주어야 하며 어머니를 보호하는 책무가 있습니다.[45]

어린이도 국가의 소속물이라고 보는 히라쓰카의 종 이론에 대해 요사노는 "나는 어린이를 '물건'이라든가 '도구'라고 생각하고 있지 않습니다. 하나의 독립적인 인격체라고 생각합니다. 어린이는 어린이 자신입니다. 히라쓰카 씨처럼 '사회적인 것, 국가적인 것'이라고 절대로 생각지 않습니다"[46]라고 단정하고 있다. 러일

---

45) 平塚らいてう, 「母性保護問題に就いて再び与謝野晶子氏に寄す」, 앞의 책, 108면.
46) 与謝野晶子, 「平塚, 山川, 山田三女に答ふ」, 앞의 책, 188면.

전쟁 때 「동생이여 죽지 말아주세요」47)라는 시詩에서 국가가 자식들을 전쟁터에서 전사하도록 강요하는 부조리를 강하게 비판한 요사노다운 말이라고 할 수 있다.

이에 대해 히라쓰카는 요사노가 주장하는 자유주의에 대해 여성의 육아노동과 가사노동이 무가치화無價値化되어 있는 현실과 여성이 처한 가혹한 현실을 다음과 같이 지적하며 토로한다.

> 저는 이 물음에 대한 답으로 가사노동 특히 아이를 낳고 기르는 어머니의 일에 대해 경제적 가치를 인정해야 한다고 주장합니다. 왜 오늘날까지 많은 가정부인들이 경제적으로 독립할 수 없었을까요. 남편에게 의존하지 않으면 왜 그녀들은 사회적으로 경제적으로도 생존할 수 없었던 것일까요. 어떠한 종류의 노동도 반드시 보수를 받는다는 오늘날의 논리로 보면 사회는 단 한사람 가정부인의 노동에 대해서는 어떠한 보수도 지불하지 않고 있습니다. 이것이 사회적으로 공정한 것입니까. 가정부인도 평등한 오늘날의 사회 생활자인데48)

히라쓰카는 노동에는 반드시 보수가 주어진다고 인식되어 있는 자본주의 사회가 생명의 재생산을 담당하는 여성의 노동이 무상으로 이루어지고 있는 것에 대한 모순을 날카롭게 지적했다.

---

47) '君死にたまふことなかれ'가 원문인데, 이것을 번역하면 'たまふ'는 '무엇무엇 하시다'이며 'なかれ'는 '무엇무엇 하지마'이다. 그리고 '기미君'는 남동생을 가리키는 것이다. 그래서 '동생이여 죽지 말아 주세요'라는 의미가 된다. 당시 남존여비사상이 강했던 것을 실감케 해주는데, 누나인 요사노 아키코与謝野晶子가 남동생에게 경어를 사용하고 있었다. 군국주의가 한창이던 시기에 요사노가 노래한 유명한 반전시이다(역자 주).

48) 平塚らいてう, 「現代家庭婦人の惱み」, 앞의 책, 188면.

그렇지만 무상 노동에 대한 대가 지불을 갑작스럽게 국가에 요구한다는 논리는 약간 비약飛躍적이다. 이러한 비약이 나타나게 된 배경에는 히라쓰카의 입장에서 오는 필연성이 있었다. 히라쓰카는 이러한 이에제도에 반발하여 혼인 신고를 하지 않고 출산 후 분가하여 스스로 호주가 되고 두 아이를 자신의 호적에 입적시켰다. 그녀는 히로시와의 관계에서도 실질적인 가장家長이었다. 또한 히라쓰카는 이러한 이에제도의 외부에서 실질적인 가장 입장에 있었기 때문에 일본의 이에제도 내실을 간파할 수 있었던 것이다.

일본의 이에제도는 표면적으로 남성가장 중심주의였다. 그러나 실질적으로는 이에와 일체화한 '여성의 지탱력'과 '어머니의 힘' 없이는 존립할 수 없는 모순을 내포하고 있었다. 일본의 이에제도는 드러나지 않는 모성에 의존하고 있었던 것이다. 이러한 이중구조가 필요했던 이유는 일본 근대화의 이중구조에 있었다. 국외적으로는 서구적 근대화를 포장하면서도 국내적으로는 전통을 재편한 일본적 국가중심주의를 정책으로 한 이중성이었다. 표면적으로 가부장 중심적 근대 가족의 모습을 가지면서도 그것을 지탱하는 남편과 자식을 국가에 바치고 뒤에서 모성이라는 존재가 실질적으로 살림을 꾸려가는 기괴한 제도가 만들어졌던 것이다.

이러한 이에제도 장치를 이에제도의 '외부'에 서는 것으로 꿰뚫고 있었던 히라쓰카는 가장 저변에 깔려있는 모성의 존재의식을 국가가 인정하지 않는 부당성을 고발하고 있는 것이다. 그녀는 여성을 몇 겹으로 이용하면서도 그에 대해 정당한 평가를 하지 않고 여성을 열등한 위치에 잡아두려는 일본 근대 젠더이데올로기의 문제구조를 부각시켰다.

그렇지만 그녀는 여성의 개個를 포기하고 모성존재라는 부분만을 강조하는 이에제도 관념 그 자체를 부정한 것은 아니었다. 히라쓰카는 모성이야말로 이에의 중심이고 또한 국가의 중심이라고 보는 종種 이론을 부각시킬 것을 요구했다. 즉 '종 이론을 체현하는 존재가 되어야 한다'는 자각이 높아지는 것에 모성주의 페미니즘을 도출하려 했던 것이다.

다이쇼데모크라시大正デモクラシー라는 호칭이 있듯이 다이쇼시대大正時代는 메이지기의 강권적인 지배형태 정비 후에 나타난 민중저력이 점차로 무대 위에 나타나기 시작했던 시기였다. 근대적 이데올로기를 겨우 이해한 민중이 구조 속에 포함되어 있던 '민중 이용' 논리를 감지하고 그것을 역으로 이용하여 자신들의 주장을 펼치기 시작했다. 지배층 쪽도 민중의 동향을 파악하고 지배계급시스템을 재편성하려고 하였다. 중앙집권적인 관료지배에서 보다 소프트한 정당지배로 재편하였다. 그 변화를 실질적으로 실천하기 위해 여러 가지 민중의 환상을 만들어내는 방법을 동원했다. 농본주의나 생명주의, 낭만주의 야나기타 구니오에 의한 민속학도 그 일환이었다. 그리고 모성주의도 민중의 환상을 조성하기 위한 유력한 문화장치의 하나였던 것이다.

다이쇼 교양주의 영향아래 개個체 욕망에 흔들리는 불안정한 가장을 대신하여 실질적인 이에제도의 기반적 역할을 수행한 여성들에 대한 기대가 강해졌다. 메이지 민법은 실질적으로 필요불가결한 여성의 힘을 은폐해두는 것으로 남성의 권력을 유지했지만 이 시기에 와서 자기기만自己欺瞞이 노출되었다. 천황제 가족주의 국가의 중핵을 담당하게 된 여성의 권리주장은 당연한 귀결이었는지도 모른다.

히라쓰카 라이초와 요사노 아키코를 중심으로 야마카와 기쿠에와 다카무레 이치에의 참가로 벌어진 '모성주의 논쟁'은 모성의 국가적 의미를 둘러싼 논쟁이었다.

모성주의 논쟁은 여성의 본질이 모성인지 아닌지를 묻는 오늘날 레벨의 논쟁은 아니었다. 여성의 본질을 모성이라고 간주한 근대 젠더이데올로기에 관해서는 전혀 문제시하지 않았다. 이 부분은 요사노도 야마카와도 마찬가지였다. 히라쓰카는 모성을 개인주의로 파악한 요사노와 계급적 의미로 파악한 야마카와에 비해 모성이 가진 '국가적 의미'를 강력히 주장하고 있었다. 그녀의 주장은 국가의 실질적인 기반으로서 모성의 역할에 대한 정당한 자리요구라는 '모성주의 페미니즘'이었다.

히라쓰카는 모성주의 페미니즘 실천으로서 신부인협회新婦人協會의 기관지인 『여성동맹女性同盟』의 창간사를 썼다. 이때 『청탑』 시절부터의 사상 변화를 개인주의에서 집단주의 · 이기주의에서 이타주의로 바뀌었다고 말하며 다음과 같이 기술한다.

> 오늘날 세계 남성들은 전쟁이라는 막대한 희생을 치르면서 그들 자신이 만들어온 문명의 결함을 점차 자각하기 시작했습니다. 그들은 그들이 쌓아온 문명의 근저인 개인주의와 자아주의에 대해 의아심을 갖게 되었고 의식적으로든 무의식적으로든 그들 사회에 너무 결여되어 있던 여성의 힘을 어머니의 사랑을 찾기 시작했습니다. 이렇게 전 세계는 개조의 시대가 열린 것입니다. (…중략…) 나는 믿습니다. 이 세상의 재앙

을 행복으로 바꿀 수 있는 것은 종교가나 사상가가 생각하고 있는 무아적이고 박애적인 사랑이 아니고, 오히려 여성의 본능에 바탕을 둔 이기적이면서도 가장 이타적인 모성애라는 것입니다. 저는 사회개조를 위한 여성의 사명을 느낍니다.[49]

『청탑』 간행사에서는 여성의 자아해방을 피력했던 것에 비해 여기서는 남성중심주의의 개인주의적 약육강식의 사회를 변화시키는 모성의 사회적 사명을 강하게 주장하고 있다. 히라쓰카 자신은 이를 여성 성숙의 증거라고 보고 있지만 과연 그럴까. 근대 일본을 지탱하던 존재로서 여성의 국가적 역할을 확실하게 자각하고 있었던 것을 보아도 근대 일본 젠더이데올로기의 자발적 내면화 그 자체가 아닌가. 여성의 힘을 메이지 민법이 목표로 삼았듯이 무대 뒤에서의 권력이 아니라 국가의 전면에 내세우는 것으로 보다 강한 국가에 헌신을 요구한 것에 지나지 않는다는 것을 알 수 있지 않을까.

히라쓰카에게는 아직 개인적 주장에 머물던 모성주의를 국가적 이데올로기로 끌어올리는 역할을 한 것이 다카무레 이쓰에高群逸枝이다. 히라쓰카는 다카무레를 "괜히 좋아지는 사람"[50]이라고 표현하고 그녀에게서 자신의 정신적 계승자임을 느꼈다며 그 감동을 "처음으로 다카무레 씨의 저작을 대했을 때 마치 애인의 모습과 목소리처럼 말 하나하나가 끊임없이 머릿속과 가슴속에서

49) 平塚らいてう, 「<女性同盟>創刊の辭に代えて」, 『平塚らいてう評論集』, 岩波書店, 1987, 163면.

50) 위의 책 ③, 305면.

울리고 다카무레 씨의 시구詩句가 내 마음을 사로 잡았습니다"[51]라고 말하고 있다.

히라쓰카 라이초가 이토록 인정하는 다카무레는 당시 아나키즘을 신봉하고 있었고 문명사회를 부정하는 원시적 생명주의 입장에서 모성주의를 주장하고 있었다. 일본의 아나키즘과 모성주의의 접목은 앞에서 말한 바와 같이 이토 노에伊藤野枝까지 거슬러 올라간다.

이토는 에마 골드먼Emma Goldman[52]을 인용하면서 여성이 모성을 자유롭게 발현하는 것을 방해하는 국가의 성 관리시스템을 고발하고 있다. 다카무레 이쓰에도 또한 강권적인 사회가 모성을 학대하는 것을 통렬하게 비판하면서 한발 더 나아가 모성의 자각이야말로 이러한 강권사회를 타도할 수 있는 최후의 보루라고 주장하며 모성의 전투성을 다음과 같이 기술했다.

> 여성들이 진정으로 자각했을 때 아니 당연히 모성적 자각을 느꼈을 때 제일 먼저 해야 할 일이 무엇일까. 그것은 강권사회에 대한 투쟁이며 창을 던지는 일이다. 이렇게 모성의 대두는 강권에 대한 항의이며 투쟁이며 또한 승리가 될 것이다. 모든 모성이 본성에 눈뜨면 이전에 '길들

51) 위의 책, 같은 면.

52) 에마 골드먼Emma Goldman은 러시아 출생의 무정부주의자이다. 1885년 12월 미국으로 건너가 뉴욕 로체스터 의복공장에서 일하며 독일 사회주의자 회합에 참가했다. 사회의 부정에 분노를 느끼고 정치활동에 투신하여 무정부주의자가 되었다. 대규모적인 반전反戰활동으로 A. 버크먼 등과 더불어 1919년 국외로 추방될 때까지 노동자와 여성을 위하여 노동운동・산아제한운동 등 다양한 운동을 조직하고 전개했다. 저서로는 『나의 생애』・『러시아에 대한 나의 환멸』 등이 있다(역자 주).

여진 암탉'의 모습은 사라지고 모성 본래의 강한 암사자로서의 용기있는 모습으로 모든 강권에 대립하고 모성을 되살리도록 비상해야 할 것이다. 모성이라는 것은 약하고 부드러운 것이라는 의미를 가졌던 시대는 사라지지 않으면 안 된다. 지금의 모성이야말로 가장 과감하고 용기있고 강한 것이 아니면 안 된다.[53]

히라쓰카가 매력을 느낀 것은 다카무레가 주장하는 이러한 모성의 능동성과 전투성이었음에 틀림없다. 『청탑』에서 '선언'을 발표한 후 자기 자신의 주인공이 언제나 자신이라는 것을 의식하게 된 히라쓰카는 결혼과 출산에서 타자와의 공존을 겪으면서 자아의 위기를 느끼기도 했지만, 모성의 자각을 깨닫는 것으로 타자를 포용할 수 있는 주체적 자아의 확립 가능성을 확신하며 엘렌 케이에게 의존하게 된다. 그렇지만 다카무레가 지적하듯이 케이는 모성의 사회성과 보편성을 설명하고 있지만 아직 모성의 능동성이라든가 전투성을 분명히 하지는 않았다. 케이의 모성사상이 기반이 된 서구의 연애사상은 로맨틱한 것으로 일관했으며 남성중심주의 사회에 대한 공격성은 결여되어 있었다.

다카무레 이쓰에는 『연애창생戀愛創生』에서 여성문제의 경로를 영국과 미국의 부르주아 자유주의적 여권주의, 북유럽에서 유행한 성적 개성을 중시하는 여성주의, 러시아에서 출발한 과학사회주의, 신여권주의를 거쳐 일본의 신여성주의로 연결되었다고 서술하며 다음과 같이 기술한다.

53) 高群逸枝, 『アナキズム女性解放論集』, 黒色女性社, 1982, 12면.

신여성주의는 이전에 여권주의를 포함한 의미 위에 생겨난 여성주의처럼 신여권주의의 세례를 받음으로써 생겨났다. 또한 과학사회주의의 세례를 받고 생겨났다. 이것이야말로 가장 합리적인 신사회新社會 설계에 하나의 내용이 되지 않으면 안 된다. 새로운 사회주의자는 신여성주의를 활용할 수 있는 의미의 새로운 사회를 고안해야 한다. 그렇다면 신여성주의는 어떠한 기초위에서 어떠한 제창을 사회에 던질 수 있을까. 그것은 앞에서도 기술한 바와 같이 '연애의 자유' 기초위에 서고 결혼제도 폐지를 제창한다. 또한 '교육의 자유'를 근거로 사회 교육 제도인 '학교 교육 제도'의 폐지를 모성애 입장에서 제창한다.[54]

다카무레는 이러한 견지에서 모성보호논쟁[55]을 총괄하고 요사

54) 高群逸枝, 「戀愛創生」, 『高群逸枝論集』 第7卷, 理論社, 1967, 118면.

55) 모성보호논쟁母性保護論爭은 1918년부터 1919년까지 '직장을 다니는 여성'과 '자녀육성' 문제를 둘러싸고 벌인 논쟁이다. 여성의 사회적, 경제적 지위 향상 방법론을 둘러싸고 요사노 아키코与謝野晶子와 히라쓰카 라이초平塚らいてう가 논쟁을 시작했고, 그 뒤에 야마카와 기쿠에山川菊榮 · 야마다 와카山田わか가 합류하면서 전개되었다. 히라쓰카는 국가가 모성을 보호해야 한다고 보았다. 임신 · 출산 · 육아기의 여성은 국가가 보호해야 할 모성중심주의母性中心主義라고 제창한다. 이에 반해 요사노는 국가에 의한 모성모호를 부정했다. 임신과 출산을 국가의 보조역할로 인정한 히라쓰카가 주장하는 모성중심주의가 형식을 바꾼 현모양처에 지나지 않는다고 평하고, 국가에 의한 모성보호를 '노예 도덕奴隸道德' · '의뢰주의依賴主義'라고 비난했다. 또한 '부인婦人은 남성에게도 국가에게도 기대어서는 안 된다'고 주장했다. 여성해방사상가인 야마카와 기쿠에는 요사노와 히라쓰카의 쌍방을 부분적으로 인정하면서 국가보호(히라쓰카)와 경제적 자립(요사노) 대립에 차별이 없는 사회만이 부인해방을 이룰 수 있다는 사회주의 입장에서 주장했다. 이에 대해 현모양처주의적 입장에서 야마다 와카가 논쟁에 참여한다. '독립獨立'이라는 미사美辭에 현혹되지 말고 가정부인家庭婦人(전업주부)도 금전적 보수는 받지 못하지만 가정에서 일하는 것에 자긍심을 가져야 한다고 주장했다. 이 논쟁에 시마나카 유조島中雄三 · 야마다 가키치山田嘉吉 등 남성들도 가담하여 찬반양론이 전개되었다(역자 주).

노 아키코를 여권주의자, 히라쓰카 라이초를 여성주의자, 야마카와 기쿠에를 신여권주의자로 간주하며 이들보다 우월한 자신의 입장을 신여성주의라고 불렀다.

요사노의 입장이 자유주의적 개인주의의 틀 안에 있었던 것에 비해 야마카와는 계급적 입장에서 요사노를 과감하게 비판하고 있었지만 다카무레는 계급도 초월한 생식논리 혹은 종 이론을 철저하게 주장하면서 야마카와의 사회주의적 추상성을 꼬집고 있었던 것이다.

종 이론에 눈뜨기는 했지만 논리의 정치성을 활용하지 못했던 히라쓰카 입장에서는 다카무레의 투철한 직관력과 논쟁력이 모성주의 페미니즘의 과실이라고 생각한 것도 무리는 아니다. 히라쓰카는 1930년에 다카무레가 제창한 '무산부인예술동맹無産婦人藝術同盟'에 참가하고, 그 기관지인 『부인전선婦人戰線』을 "제2의 청탑"[56]이라고까지 불렀다.

그렇지만 다카무레의 천재적 소양에서 나온 생식이론은 종 이론에 뿌리를 둔 페미니즘으로써 시대의 요청이기도 했다. 30년대 사상적 풍조는 계급에서 민족으로 이행하고 있었고, 세계에서 유례없는 천황제가족국가를 정당화하기 위한 민족주의 이데올로기의 형성이 요구되고 있었다.

계속되는 탄압으로 전향한 사회주의자들은 국가사회주의에 흘러들어갔고, 일본문화의 전통과 서양이론을 접목시켜 독자적인 철학을 만든 교토학파京都學派가 일본정신의 우위를 주장하는 논

56) 平塚らいてう, 「婦人戰線に參加して」, 『平塚らいてう評論集』, 240면.

문이 속출하기 시작했다. 예를 들면 다나베 하지메田辺元의 「종의 이론과 세계 도식種の理論と世界図式」(1935)과 니시다 기타로西田幾多郎의 「종의 생성 발전문제種の生成發展の問題」(1937)가 바로 그것이다.

니시다 기타로(西田幾多郎)의 초상화

다카무레는 아나키즘적 직관으로 얻은 모성주의가 일본문화의 중핵이라는 것을 증명하기 위해 역사연구의 길로 들어섰다. 다카무레는 야나기타 구니오의 『데릴사위 고찰婿入考』에 자극을 받아 혼인제도 연구에 몰두하여 1938년 『모계제의 연구母系制の研究』를 저술했다. 다카무레는 고대부터 근대에 이르는 일본의 여성사 연구를 통해 일본문화 심층부에 움직이고 있는 여성의 힘을 확신하기에 이른다.

특히 일본 고대의 여성의 힘 발견에 착안하여 히라쓰카 라이초의 '원래 여성은 태양이었다'라는 문구를 그대로 증명했던 것이다. "각지에 모자산母子山 혹은 양자산孃子山, 그리고 하코네箱根의 '모자령母子嶺' 등의 이름이 많은 것은 모자母子 신을 상징한다"57) 고 지적하고 고대에는 생식중심의 논리가 성행했다는 것을 증명한다.

또한 고대 사회 통치형태를 보면 여성은 신탁神託의 임무를 가

57) 高群逸枝, 『母系制の研究』 上, 講談社, 1979, 80면.

졌으며, 남성은 그녀를 도와 집행을 담당했다고 규정하고 그 중핵이 여성의 영적능력이라고 보았다. 이러한 역사적 실증에 의해 자신감을 얻는 다카무레는 그녀가 신봉하는 모성주의가 고대일본의 중심원리였다는 것, 그리고 그 원리는 신도神道 속에 지속되고 있다고 주장하기 시작했다.

다카무레는 아나키스트로 미니천황으로서 가장이 군림하는 이에제도 자체는 부정하고 있었지만 국체國體로서의 천황제 가족국가의 심층에서 움직이는 여성의 힘, 모성의 힘을 발견함으로써 강력한 천황제 가족국가 이데올로그로 변모하였다. 그녀는 비상시에는 남성중심주의 이에제도의 허구가 해체되고 심층부의 여성의 힘, 모성의 힘이 전면에 부상해야 한다고 보았다. 종 이론을 체현한 여성들은 개 이론을 불식시키지 못하는 남성들보다 우월한 영적 능력을 가졌다고 주장한다.

다카무레의 이러한 내발적內發的 전개에서 알 수 있듯이 일본 전체가 세계 유례없는 신국神國 일본의 세계사적 의의를 강조하는 시대에 돌입하고 있었다. 그녀는 자신이 찬양하는 신도적 모성주의야말로 일본의 천황제 국가 이데올로기의 중핵이라고 확신했다. 그리고 그녀는 일본고유의 모성주의가 약육강식의 제국주의 전쟁수단에 놓인 현실 세계를 구할 수 있는 이론이라고 주장한다.

> 나는 일본 여성의 부드러움優しさ의 근원을 '가족심家族心'이라고 표현하고 싶다. 가족심이라는 것은 부모형제에서 인류에까지 확대되는 혈육의 친근감으로서 진무천황神武天皇의 팔굉일우八紘一宇 메이지천황의 사해동포四海同胞로 나타나게 된 정신이다. 즉 가족심은 일본국체의 원

리이며 마지막에는 세계를 구원할 복음인 것이다. 이와 반대하는 자들과 전쟁을 감행하는 것이 남자ますらを의 본령이라고 한다면 이것의 정수로서 부드러움을 구현하는 것이 여성たおやめ인 것이다. (…중략…) 우리 여성은 가족심을 생명으로 하고 있으며 세계를 가족화할 꿈을 가지고 있다. 그렇기 때문에 이를 저해하는 자들에 대해 성전聖戰을 벌이지 않을 수가 없기 때문에 전쟁은 적극적으로 여성의 것이라고 할 수 있다. 우리 아들・우리 남편・우리 형・우리 동생을 격려하여 승리에 이끌 수 있는 것은 여성의 의지이다.[58)]

일본 가족주의 이데올로기를 세계 구제론救濟論으로 간주하는 다카무레는 모성주의 페미니즘을 국가레벨로 끌어올리는 역할을 한 것이다. 다카무레는 폭력과 권력을 전면에 내세운 남성원리적인 서양문화에 대해 사랑과 선의를 기치로 내세운 모성원리의 나라인 일본을 정신적으로 우월하다고 주장한다. 그러나 이 논리는 서구에 식민지지배를 받은 아시아를 해방한다는 명목으로 벌어진 침략 전쟁의 정당화에 철저하게 이용된다.

전쟁에 동원된 남성들을 대신하여 총후銃後를 지키는 적극적 역할을 여성들에게 기대하는 국가적 입장에서 어머니로서의 여성의 역할을 주장하는 모성주의 페미니즘을 환영할 만한 것임에 틀림없었다.

강권사회에 대한 반발로 출발했던 다카무레 이쓰에의 모성주의 페미니즘이 시대의 조류와 영합된 이유를 가노 마사나오鹿野政

58) 高群逸枝, 「たおやめ」, 『高群逸枝論集』(河野伸子他), JAC出版, 1979, 258면.

直는 세 가지 관점으로 제시한다.[59] 우선 첫째 근대의 사적私的영역으로 분리된 '이에'를 고대 해석에서는 '공적公的'인 것으로 간주하여 공사公私의 통합에 의한 새로운 공사 관계 창출을 시도하여 여성을 그 중심에 놓으려 했다는 것. 둘째, 모성의 의의를 강조하는 것으로 이에 전체를 고려하면서 해방 사상을 제시하려 했다는 것. 셋째, 생명의 생산이라는 논거로써 여성을 중심에 놓은 사상, 즉 혈육을 중시하는 혈연공동체를 주장하였다.

다카무레의 '이에'·'어머니'·'혈육'이라는 세 요소를 중심축으로 한 모성주의 페미니즘은 강권적인 군국일본을 본래의 신국일본으로 유도하는 사상과 연결되고 있었는데, 결국 군국주의 일본의 폭력성을 은폐하고 민중을 '선의'에 의한 세계 제패, 아시아 침략을 선동하기 위한 프로파간다 역할을 담당하게 된다. 이러한 다카무레의 모성주의 페미니즘의 무참한 귀결에 대해서는 금후 더 냉철한 분석이 필요하다고 본다.

가노가 모성주의 페미니즘의 특색으로 지적한 이에·어머니·혈육논리는 일본 근대의 중심적 젠더이데올로기인 이에제도의 '내적논리'였음에 주목할 필요가 있다.

강압적인 이에제도에 대한 반발로 출발한 일본의 페미니즘이 이에제도의 내적논리를 자기 사상의 지주로 인식하게 된 것은 어째서일까. 바로 여기에 근대 사상으로서의 페미니즘의 자가당착自家撞着이 있었다.

페미니즘은 근대적 남성중심주의에 반대하는 사상으로 출발했

59) 鹿野政直·堀場清子, 『高群逸枝』, 朝日出版社, 1977, 236면.

다. 그렇기 때문에 페미니즘이 근대국가가 여성에게 강요하는 젠더이데올로기로 동화하는 것을 거부하고, 오히려 이에 반발하면서 여성권리의 고양高揚을 위해 근대사회 속으로 자기주장을 요구해가는 길을 모색했다. 근대사회에서 여성의 존재를 인정받기 위해서는 근대사회의 자기정당화를 위한 이데올로기에 여성도 또한 동일화되어 갈 필요가 있었다. 그것은 서양 시민사회의 시민이론을 내면화하는 일이기도 했다. 그렇기 때문에 여성들에게도 시민적 권리를 부여할 것을 요구하는 여권주의가 서양 시민사회의 중심적 페미니즘이 되었다.

한편 근대 일본의 중심적 이데올로기는 국체사상이었으며 천황의 충량한 신민이 되는 것이었다. 천황의 충량한 신민이라는 것은 이에제도 안에서 훌륭한 가장이 되는 일이었다. 하지만 여성에게는 가장이 될 수 있는 길은 열려있지 않았고 여성은 그저 가장을 지탱하는 현모양처가 될 것을 강요당했다.

일본의 여권페미니즘은 이러한 젠더 질서에 대해 이의를 제기하면서 출발했다. 그렇지만 근대 일본의 젠더 질서에 도전을 반복하는 과정에서 젠더 질서의 중핵인 이에제도의 트릭 장치를 알게 된다. 즉 일본의 이에제도는 서구 근대 가족과 같은 남성주도의 상호관계에서 성립된 것이 아니라 명목상 가장 뒤에 숨겨진 어머니 존재가 중심이 되어 성립되었다는 것을 자각하게 된다.

다카무레 이쓰에는 일본의 여성사 연구를 통해 이에제도가 여성의 구제력이라는 일본전통의 근대적 재편성이라는 것을 확신하게 된다. 이에제도가 여성 억압시스템이 아니라 여성의 근원적 힘을 보이지 않게 했던 시스템에 불과하다는 생각에 다다른다.

아마테라스 오미카미(天照大御神)의 상상의 그림

여성의 근원적인 힘을 보이지 않게 만들었던 것은 서구적인 남권주의를 흉내 낸 지식인 관료의 음모였다. 이러한 음모는 국가적 규모의 위기적 상황, 즉 비상시에 스스로 붕괴하지 않을 수 없었다. 비상시 이에제도에 숨겨진 내적논리가 수면위로 떠오른다. 그리고 내적 이론을 체현한 여성들이 실질적으로 중심이 되어 국가이데올로기와 일체화하는 길로 돌진하여 국가에서의 여성 가치를 어필하려고 했다.

일본의 페미니즘은 당초 가지고 있었던 국가에 대한 경계심을 페미니즘 쪽에서 능동적으로 국가와 일체화하는 의욕을 나타내는 것으로 그것을 극복하려 했으나 오히려 국가주의적이게 되었다. 여성은 천황제 국가의 신민이라는 직관을 얻음으로써 국가에 열광적으로 헌신하게 된 것이다. 이러한 국가에 대한 열광은 천황제 국가의 모성신인 아마테라스 오미카미天照大御神60) 숭배와 직결된다.

60) 태양을 신격화한 여신으로 황실皇室의 황조신皇祖神을 상징한다. 『고사기古事記』에는 아마테라스 오미카미天照大御神로 『일본서기日本書紀』에는 아마테라스 오미카미天照大神로 표기되어 있다. 아마테라스アマテラス로 가타카나로 표기하기도 한다(역자 주).

다카무레가 아마테라스에 열광한 것은 매우 유명한데, 히라쓰카에게도 다음과 같이 아마테라스 오미카미를 찬양하는 구절이 있다.

> 아마테라스 오미카미天照大御神의 현신인現身人 천황에게 절대적으로 귀의하여 봉사하는 것이 모든 신체제新體制의 기본 바탕이 아니겠는가[61]

국가에 대한 헌신은 모성주의 페미니즘의 가장 직접적인 표현 방법이었는데 요사노 아키코의 자유주의 페미니즘과 이치카와 후사에의 여권주의 페미니즘도 예외는 아니었다.

실체성이 결여된 '모성'이라는 말만 남용되고 '민족의 어머니'·'국가적 모성'이라는 허구 관념도 날조된다. 이러한 관념에 의해 자기기만을 초래한 일본의 페미니즘은 일본국가의 잔학한 전쟁인 '아시아에 대한 침략'을 정당화해 간 것이다.

61) 平塚らいてう, 「日記抄」, 『平塚らいてう著作集』 6, 大月書店, 1984, 330면.

제3장 근대 일본의 젠더 정치학

1. 국가원리와 젠더

지금까지 근대 일본의 젠더이데올로기 형성과정과 여성들이 그것을 내면화해가는 프로세스를 개괄해 보았다. 이는 근대국가의 젠더이데올로기가 가진 정치적 의미를 고려하지 않을 수 없게 만든다. 역사가 급변화하는 시대이기에 표면상으로 드러나 보이지 않았던 문제들이었지만, 국가 원리에 작동하고 있는 문제를 젠더적 관점에서 해명할 수 있다는 것이 보이게 되었다. 본 장에서는 젠더를 키워드로 하여 일본 근대를 형성한 국가 원리의 해독을 시도해보자.

근대라는 세계시스템 속에 자의든 타의든 휘말리게 된 근대 일본이 국가 기반형성을 위해 추출抽出한 젠더이데올로기를 결과적으로 남녀 양쪽 모두 수용했다는 것은 전쟁에 그들이 열광한 것에서 드러난다. 이 사실에서 다음과 같은 것들을 예상할 수 있다. 근대국민국가의 성립과정에서 보이지 않았던 것이 전쟁이라는 것, 그리고 '전쟁을 수행하는 국가'라는 명제를 가능하게 하기 위해 필요불가결한 것이 젠더이데올로기가 아니었을까 하는 점이다. 물론 근대국가는 표면적인 정책은 절대로 전쟁을 명제로 내걸지 않았다. 오히려 반대로 평화를 슬로건으로 사용했다. 그렇지만 그것이 표면적인 겉치장이었다는 것이 근래의 국민국가론에서 밝혀졌다.

최근 국민의 안전과 보호 그리고 타국과의 공존을 주창하는 국민국가의 공적인 얼굴과 세계시스템 속에서 헤게모니를 쥐기 위해 국내에서는 강권체제, 대외적으로는 공갈정책을 실시하는 또 하나의 얼굴이라는 국민국가의 이중전략이 이론적으로 분석되기 시작하고 있다. 국민국가가 내포하는 이중성을 단적으로 지적한 것이 『전체주의의 기원全体主義の起源』을 저술한 한나 아렌트Hannah Arendt이다. 아렌트는 근대국민국가의 광기를 날카롭게 해부했다. 즉 아렌트는 근대사상이 제기하는 공적이념이 국민국가에 의해 점유된 결과 폭력적 이론으로 변용해가는 매커니즘을 다음과 같이 날카롭게 분석했다.

인권 그 자체에 원천을 두고 권위를 그것에서 찾아야 할 것으로 간주하며 법 지배 아래에 있어야 한다고 주장하는 논리와, 한편으로는 법이 아니라 인권에 의해 선택된 인민의 의지표현 체현자인 주권자에게 복종해야 한다는 입장이 있다. 이 모순은 결과적으로 '인권'이 단순히 특수적 혹은 국민적 권리로서 인정되고 보증된 것이라는 의식 아래 모든 인민이 인간으로서의 권리, 시민으로서의 권리, 국민으로서의 권리를 보증하는 것이 법치국가의 성격이라는 것을 잊고 낭만주의적인 국가이론에 의한 국민의 영혼 구현이라고 주장하여 신격화를 꾀하고 있다.[1)]

이와 같이 국민국가에 내포된 모순이 불가피하게 전쟁을 불러일으킬 수 있다는 것을 지적하며, 현대 페미니스트 정치학자인 진 배스케 엘쉬테인Jean Bethke Elshtain은 역사적으로 전쟁은 국민의 일체감을 집중키며 정착시켜 왔다고 보았다. 그리고 그녀는 전쟁 혹은 전쟁에 의해 국민들이 서로 적대시하며 타자를 배제하고 자신들의 특성만을 내세워 왔다[2)]고 지적한다.

또한 엘쉬테인은 『여성과 전쟁女性と戰爭』에서 전쟁을 기반으로 한 국민국가는 젠더이데올로기를 필요로 한다는 것을 선명하게 그려낸다.

우리 서양인은 여성=평화, 남성=전쟁이라는 등식을 가지고 이를 당연한 것처럼 생각하는 전통을 이어왔다. 이것은 문화적으로 구축하여

1) ハンナ・アーレント, 大島かおり 他譯, 『全体主義の起源』 2, みすず書房, 1972, 176면.
2) J. B. エルシュティイン, 小林史子 他譯, 『女性と戰爭』, 法政大學出版局, 1994, 394면.

> 대대로 전해져 온 신화와 기억에서 성립된 전통이다. 전시기戰時期에는 남자들과 여성들은 농밀한 관계로 내몰리게 되고 서로를 보완할 필요성을 느낀다. 또한 각각의 성 특유 미덕을 나타내는 존재로 인지되어 문화적 '기억'과 '모노가타리物語(이야기—역자 주)'로 나타나는 '정의의 전사'와 '아름다운 영혼'이라는 가면을 쓰게 된다. 당연한 것 혹은 비극적이기도 하지만 여하튼 폭력적이라고 간주되는 것이 남성이다. 원조의 손을 내밀고 동정심을 소유하며 비폭력적이라고 간주되는 것이 여성이다. 과거 혹은 현재의 남성과 여성의 사회적 아이덴티티에 관한 수식어구修飾語句는 전시기의 남성 혹은 여성의 모습을 제시하지 않는다. 오히려 비전투원으로서 여성을 규정하고 전사戰士로서 남성을 규정하는 논리가 재생되고 보증되는 기능을 담당한다.[3)]

근대국민국가는 이러한 집단적 기억을 국민통합의 원리로 삼아 국민화 정책에 이용하려고 했던 것이다. 이때 당연하다고 말할 수 있을 만큼 젠더는 중요한 국가원리가 되었다. 국가의 중추인 '국가를 위해 일한다는 것'·'생명을 바치는 정의의 전사가 된다는 것'이라는 남성원리와 정의의 전사를 낳아 기르고 격려하고 지탱하며 그가 죽은 후에는 그를 기리며 '아름다운 혼령'으로 계승해가는 것이 여성원리인 것이다.

이러한 국민국가의 젠더원리는 팽창과 방어, 파괴와 건설, 투쟁과 사랑이라는 이중구조가 가진 국민국가의 모순을 은폐하기 위해 실로 유효한 것이었다. 루소는 국가원리적 젠더를 낭만주의

3) 위의 책, 12면.

로 미화하기도 했지만 그 이론화를 실천한 것이 헤겔이었다. 헤겔은 『정신현상학』에서 전시기의 젠더원리를 그리스비극을 힌트로 해명한다.

> 형제兄弟는 지금껏 안주해 왔던 신의 법칙에서 일탈하여 인간의 법칙으로 이행한다. 이와 달리 자매姉妹의 경우는 가정을 주재主宰하고 신의 법칙의 수호자가 되어 아내가 되고 나서도 그러한 상태를 이어간다. 이런 방식으로 남성과 여성은 각기 자연의 성별을 극복하여 인륜적 실체人倫的實體를 구성하는 두 개의 부분을 분담함으로써 마침내 인륜적 존재로서의 남성 또는 여성이 된다.[4]

헤겔이 주장하는 여성의 법도라는 것은 구체적으로 "자기 혈족으로 하여금 대지의 품에 안겨 불멸의 원초적인 개체성을 누리게 한다. 이로써 가족은 사자死者로 하여금 공동세계의 이웃이 되도록 주선하는 바"[5]라는 매장 행위이다. 이러한 매장 행위에 의해 죽은 자는 공동체의 성원으로서 불멸적인 존재가 되고 조국의 대지 자연 속에서 계속 살아있는 것이 된다.

국가를 위해 죽는 것이 불멸의 존재로 숭상된다는 확신 아래 남성들은 안심하고 국가를 위해 목숨을 바친다. 표면적인 담론으로서 병사는 국토를 지키고 사랑하는 가족을 지키기 위해 전쟁터로 향하지만, 그 심층을 보면 병사들은 죽음을 통해 조국의 대지로 돌아가는 것이며 자신들을 추도해주는 여성들의 마음속으로

4) ヘーゲル, 樫山欽四郎 譯, 『精神現象學』, 河出書房, 1966, 266면.
5) 위의 글, 262면.

들어가는 것이다. 이렇게 수많은 국민들의 죽음을 발판으로 삼지 않으면 성립하지 못한다는 것이 바로 국민국가의 원리인 것이다.

다음으로 헤겔의 『법철학』에서 평상시平常時의 젠더원리를 논한다. 전쟁을 성립기반으로 한 국민국가는 평상시라고 말하지만 전시기와 연결되어 있는 상태 즉 전쟁을 위한 준비 상태라고 말할 수 있다. 여기서는 죽음이 뒷전으로 물러나고 그 대신에 생산적 원리가 전면에 나온다.

> 남성은 대외적 관계 존재로 늠름하게 활동하는 것이며 여성은 수동적이며 주관적이다. 그렇기 때문에 남편은 현실적이면서 실체적인 생활을 국가나 학문에 혹은 외부적인 힘든 일에 부딪치기도 하며 전투에 관여한다. 그리고 두 가지로 자신의 역할을 맡을 수 있는데 그 하나가 독립적인 전투적 존재이며 또 다른 하나가 직관과 감정적인 주관적 윤리를 가족에게 갖는 것이다. 그렇지만 부인은 가족을 위해서만 행동하는 것이 실질적인 본분이며 공손과 순종만이 자신의 윤리성이다.[6]

평상시의 젠더 규범이라는 것은 남성이 국가의 풍요로움을 위해 노력하는 생산 전사이고 여성이 이러한 남성을 보조하여 차세대의 전사를 낳아 기르는 생명의 재생산에 힘쓰는 존재라는 것이다. 다시 말하면 여성은 모성적 존재인 것이다. 헤겔의 분석에서 보면 유기체로서의 국가는 전시기나 평상시에도 상호 보조적인 젠더원리에 의거하여 성립된다는 것이다. 그렇지만 서로가 치열

---

6) ヘーゲル, 藤野池 他譯『法の哲學』,『世界の名著・ヘーゲル』, 中央公論社, 1962, 396면.

한 경쟁관계에 있는 국가 간에는 오로지 남성원리가 표면에 떠오르게 된다. 그렇기 때문에 근대국가는 남성의 모습을 노정하게 된다. 그러나 그 표면에 나타난 남성원리는 심층의 여성원리의 지탱 없이는 존립할 수 없게 된다. 그 이유는 추도자 없이는 죽음의 의미가 없고 생명을 낳는 존재 없이는 국가를 위해 일할 수 있는 존재도 없기 때문이다.

근대국민국가가 구조적 젠더원리에 의해 성립된다는 것이 분명해진다. 그러나 이 젠더원리는 어디까지나 국가중심적 논리로 형성된 인위적인 것으로 실체적 생활자들에 의해서 생겨난 것이 아니다. 또한 관념에 불과한 젠더원리를 실제로 생활하는 서민층 남녀에게 이식시키기 위해 필요한 것이 바로 젠더이데올로기인 것이다.

서양 젠더이데올로기는 18세기 이후 서양 국가들이 국민국가로 이행하면서 그것을 담론화해 갔고 그것이 마치 자연적인 것처럼 문화적 규범으로 형성되었다. 국가가 요청하는 남성원리와 여성원리가 남성과 여성 각각의 본질에서 유래한다고 간주하는 젠더신념 체계가 매우 강해졌다. 그리고 그 본질주의적으로 사는 것이 국가에 적합한 것이라는 의미로 상식화되었고 국가 형편에 잘 맞는 체제가 성립된 것이다. 그리고 그것이 서구열강들의 세계지배 원동력이 되었던 것이다.

본질주의적 젠더규범은 국가가 전쟁을 수행하도록 하는데 얼마나 유효한 것이었는가 하는 것은 1차 세계대전 중에 전쟁터에 보낸 어머니의 편지에서 잘 드러난다.

남성과 마찬가지로 여성에게도 조국에 대한 정열적 애정이 있다. (…중략…) 우리는 학살 그 자체는 증오하지만, 남성들이 전쟁에서 벌인 살인과 폭행에 대해서는 여성들이 그 시체를 깨끗이 처리해 임종을 맞이하는 자는 위로하고 이름도 없는 무명 묘에도 눈물을 흘려야 한다는 것을 알고 있다. (…중략…) 신은 가정을 다스리기 위해 남자와 여성이라는 두 종류를 만들었다. 국가는 커다란 가정이다. (…중략…) 어머니의 사랑이 최고로 발휘될 때 인간애 중에서도 가장 존귀한 사랑이 발현되는 것이다.[7)]

조국의 영광을 위해 전쟁터에서 전사하는 남성들을 격려하고 위로하며 혹은 무사함을 비는 여성들은 평상시에는 한 가정의 부인이며 어머니인 것이다. 남성은 목숨을 바쳐 개인적으로는 적대감이 없지만 적군과 싸우는 존재로 출정하게 된다.

이러한 서구열강의 전투력 기반이 된 국가주의적 젠더원리야말로 유교적 남존여비, 불교적 여성 부정관不淨觀, 민간 성신신앙性神信仰과 습합習合한 일본의 문화적 전통에는 결정적으로 결핍되어 있던 부분이었다. 막말幕末 서구에 파견된 유학생들이 일본에서도 국가주의적 젠더이데올로기를 만들어야할 필요성을 확신한 이유가 바로 여기에 있었다.

그렇지만 한편으로는 근대 일본 천황제 국가의 우수한 지적 이데올로기스트가 될 운명을 지닌 그들 유학파들은 두 가지를 생각했다. 즉 일본의 젠더이데올로기는 서구적이기만 해서는 안 된다

7) 위의 책, 229면.

는 것과, 일본의 독특한 국가체제에 어울리는 것이 아니면 안 된다는 신념이었다. 말하자면 일본의 국체사상에 뿌리를 둔 젠더이데올로기가 필요했던 것이다. 일본 근대국가 형성에서 '국체'라는 개념이 커다란 의미를 갖게 된 경위는 앞에서 이미 언급한 대로이다. 이것은 특히 전시기에 광신적인 의미를 갖고 민중에게 퍼졌기 때문에 반합리주의적 이미지가 따라다니지만, 본래의 의미는 매우 '근대주의적인 개념'이었다. 예를 들면 후쿠자와 유키치는 국체에 대해 다음과 같이 논한다.

> 국체란 한 종족의 국민이 서로 모여서 고락을 함께 하고 다른 나라 사람에 대해서는 자타自他의 구별을 짓고, 서로를 대할 때 타국민보다 더 중히 여기고 타국민을 위해서보다 자기들 서로를 위해서 더욱 힘쓰며, 하나의 정부 아래에 자치를 하며, 다른 정부의 지배를 싫어하고, 화복禍福을 모두 스스로 짊어지고 자립하는 것을 말한다. 서양 언어로 내셔널리티Nationality라고 부르는 것이 바로 이것이다. 세계 어디에서나 한 나라를 세울 경우에는 반드시 그 형식이 있는 법이다. 중국에는 중국의 국체가 있고 인도에는 인도의 국체가 있다. 서양제국도 모두 하나의 국체를 가지고 있으며 스스로 이것을 지켜나가지 않는 나라가 없다. 이러한 국체라는 의식이 생기는 연유를 따져보면 인종이 같기 때문일 수도 있고 종교가 같기 때문일 수도 있다. 또한 언어나 지리에서 비롯되는 수도 있다. 이렇듯 그 양상은 동일한 것이 아니지만 가장 유력한 원천이라고 할 만 한 것은 한 종족의 인민이 역사의 변천을 함께 겪고 회고의 정을 함께 나누는 경우이다.[8)]

잘 알다시피 후쿠자와의 국체 관념은 존 스튜어트 밀의 『의원정치론代議政治論』에 의거하고 있다. 밀은 내셔널리티를 "어느 동일한 요인에 의해 조성된 공통감정에 의해 결성된 민족공동체"라고 정의하고 있는데, 그 '동일한 요인'은 인종이나 혈통이 같다는 것, 언어와 종교가 공통적이라는 것, 공통의 역사를 가지고, "과거의 사건에 대해 공동의 자긍심과 혹은 굴욕을 느끼며 기쁨과 슬픔을 갖는 것"[9]이라고 말하고 있다.

대부분의 근대국가는 가시적可視的인 법률이나 관료 조직 등의 외적형태뿐만 아니라 민중의 내면세계에 공유되고 있을 공통 감정에 그 존립기반을 두고 있다.

그렇지만 후자는 전자처럼 가시적이지 않고 확고한 것도 아니다. 그렇기 때문에 근대국가는 공통 감정을 견고한 것으로 만들기 위해 전통문화의 발견과 공통화 혹은 신화화를 기획하고 그것을 공유할 것을 국민의 조건으로 삼는다.

서구 여러 나라들은 3백 년에 걸친 근대화 과정에서 국가의 외적형태를 대표하는 남성, 내적 공통 감각을 지키는 역할자로 여성이라는 젠더 분배를 문화로서 뿌리 내리게 했다. 그 때문에 크리스트교나 각 지역의 토착 멘탈리티에 내재하고 있는 여성의 모습이 발굴되고 그 중에서 비합리적인 부분과 반질서적인 부분은 표시나지 않게 환골탈태하여 근대적 여성의 형상으로 이데올로기화한 것이다.

근대화를 향한 동란動亂이나 혁명에서 남성들과 함께 피와 땀을

8) 福澤諭吉, 『文明論之概略』, 『全集』 第4卷, 27면.
9) J. S. ミル, 水田洋他 譯, 「代議制統治論」, 河出書房, 1967, 354면.

흘린 여성들은 국가형성의 중요한 기반인 민족감정을 지키는 역할자로 분배받은 것에 이의를 제기한 것은 아니었다. 18세기 이후 일반화해 가기 시작한 국가의 여성 형상화, 예를 들면 프랑스 공화국의 의인화로서 마리안느Marianne의 이미지나 미합중국의 상징인 자유의 여신상 등은 국가의 내적기반으로서 여성원리를 천하에 알렸다고 말할 수 있다.

민중을 선도하는 마리안느(Marianne)의 그림

그렇지만 여성들은 상징차원에서 추앙받는 것에 그친 것이 아니라 가정과 지역에서 사랑과 도덕의 원천으로서 여성의 존재 의의를 현실적으로 평가받기를 요구하였다. 그 때문에 19세기는 가정과 지역에서 여성의 존재 의식을 강조하는 도메스틱Domestic 페미니즘이 출현하게 되었다. 여성들은 사랑과 모럴의 원천으로서 여성들의 일상적 존재야말로 생산 공장이나 전쟁터에서 남성들의 커다란 원동력이라는 것을 자부했고 또한 주장했던 것이다.

국민의 공통 감정으로서의 내셔널리티는 서구 사회에서 19세기 후반에 이미 젠더 문화 속에 뿌리내리고 있었다. 그렇지만 봉건적 신분제와 지방분권체제가 3백년 동안 계속되었고 특히 무엇보다도 남존여비사상이 깊이 뿌리박혀 있는 일본에서는 서구적인 의미의 내셔널리티 형성은 매우 어려운 문제였다.

후쿠자와 유키치나 모리 아리노리森有礼등 유학파 계몽적 지식인들은 서구형 내셔널리티의 형성을 꿈꾸었으며 여성원리의 발양發揚현장으로서의 가정과 그 중심이 되는 주부로서의 여성을 양

모토오리 노리나가(本居宣長)의 초상화

성할 것을 설파했다.

그렇지만 서구형 전략은 단기간에 성과를 올릴 수 없는 것으로 보였다. 수백 년에 걸쳐 계속된 남존여비와 일부다처제 아래에서 여성 자신에 의한 여성원리 각성은 불가능에 가까웠다고 생각했던 것이다. 계몽지식인이나 크리스트교 지식인들이 여성을 질책하는 여성론을 자주 내놓았던 것은 외부에서만 드러나는 문명화 및 서구화만으로는 부족하여 내적인 의미에서의 문명화에 무관심한 여성들에 대한 그들의 초조감이 나타난 것이라 말할 수 있다.

근대 일본에서는 민족감정의 원천을 '여성'이라는 현실 속의 젠더 존재에 맡기는 것은 고려의 대상이 아니었다. 그 결과 '국체'개념은 일본문화의 전통에서 유일하게 상징화된 여성 원리적 이미지를 가진 천황제에 맡기게 되었다. 천황제는 무가정권武家政權에 정치적 권력을 빼앗긴 후 남성 원리적 무가에 대해 문화적 여성원리의 종가宗家로 자리매김을 했으며 공생을 가능케 했다.

천황제를 문화적 여성원리의 원천이라고 간주하는 논점은 이미 국학자인 모토오리 노리나가本居宣長에 의해 이론화된 적이 있다. 노리나가가 천황제의 의미 근거를 '아마테라스 오미카미의 아들'이라는 '종의 이론'에 두고 있는 것은 다음과 같은 기술에서 알 수 있다.

우리 천황의 선조는 누가 뭐라고 하든지 간에 지금 현재 천지를 밝히며 앉아계시는 아마테라스 오미카미이시며 (…중략…) 중국 등을 보면 덕德으로 황위를 얻을 수 있다고 하여 그것을 존귀한 것으로 여기고 있다. 이는 실로 얼마나 큰 악풍인가. 우리 천황의 나라는 신대神代부터 군신君臣의 신분이 정해져 있고 천황은 본디 귀하고 그 귀함은 덕에 있는 것이 아니라 오로지 종족에 있다. 즉 아래 사람 중에 큰 덕을 소유한 사람이 있다고 하더라도 군신관계가 변하는 일 없이 수만 년을 지나 지금 세대까지도 그 신분이 유지되고 있다. 그렇기 때문에 모반謀叛을 노리는 자가 없고 천황의 자리를 잃어버릴 염려가 없다. 다른 나라는 덕을 존경하는 버릇 때문에 서민이라 하더라도 덕이 있으면 존귀할 수 있다고 생각하기 때문에 자연히 모반을 꾀할 마음을 먹을 수가 있고 찬탈 재앙이 일어난다.[10)]

노리나가 시대는 18세기말로 문화가 찬란했던 다누마 오키쓰구田沼意次 시대이다. 막번체제幕藩體制의 유교적 남성원리 전제 아래에서 문화적 여성원리의 부흥을 꿈꾸던 시기였다. 당시 남존여비적 유교체제에서 여성은 쾌락용으로서의 유녀遊女와 아이를 낳는 여성으로 분리되어 있었다. 고대부터 헤이안시대平安時代까지 존립했던 자립적 여성문화 창조의 힘은 상실되었다. 그 대신 남성들이 자신들의 욕망에서 만들어낸 허구의 '유곽문화'를 여성문화인 것처럼 찬양하고 여성의 성을 지배하는 쾌락을 선전했던 것이다.

10) 本居宣長, 「くず花」, 『本居宣長全集』 第8卷, 筑摩書房, 1972, 153면.

이러한 문화적 여성원리의 파괴상태를 걱정한 국학자 노리나가는 그 재생을 위해 이념형성의 논리적 근거를 우선 헤이안시대의 여성문학으로 거슬러 올라갔고 더 나아가 고대의 신도문화에서 찾았다. 그리고 일본적 여성원리 원천으로서 아마테라스 오미카미의 의의를 확신했던 것이다. 노리나가는 아마테라스 오미카미와 천황제에 대해 "일본은 아마테라스 오미카미를 조상으로 하며 천하에 복종하지 않는 신이 없고 모든 백성이 떠받들고 있으며 이는 천만 년을 이어왔고 앞으로도 계속될 것이다. 신의 가호 속에 우리 나라는 평안을 찾았던 나라"[11]라고 논하고 있다. 즉 노리나가는 천황의 존엄을 고대의 이상적인 지배자로서의 아마테라스가 제시하는 원리를 계승해야 한다는 것이었다. 그러나 그 원리는 남성원리적인 강권 정치가 아니라 다음과 같은 자연적 인정人情에 근거한 친화적 관계로 설명한다.

> 아마테라스 오미카미는 모든 일에 대해 용서하며 세상 사람들과 섞여 함께 즐기며 기쁨을 주었다. 더 나아가 악인까지도 엄중하게 처벌하는 일이 없었다. 이렇게 인간의 행위에 대해서 작은 일은 덮어주고 핍박하지 않는 것은 황조신皇朝神의 심성이었다.[12]

노리나가는 아마테라스 오미카미의 넉넉한 모성적 자애에서 일본문화의 통합 원리를 도출하고 있었다. 고대에 꽃을 피웠던 여성원리가 불교나 유교의 영향으로 퇴색된 것이라 보았다. 노리

11) 本居宣長, 「古事記伝 巻1」, 『全集』 第9巻, 49면.
12) 本居宣長, 「玉くしげ」, 『全集』 第8巻, 323면.

나가는 아마테라스 원리를 남성원리적 정치를 보완하는 것 혹은 남성원리보다 우월적인 것이라고 주장하였다.

노리나가에 의해 재발견된 천황제라는 문화적 여성원리는 근대국가를 만들지 않으면 안 되었던 일본에게는 가장 이상적인 '국체'원리였다. 근대국가 기반으로서의 여성원리가 실체의 여성이 아니라 이념화된 여성원리를 원천으로 한 천황제에 바탕을 둔 것에 근대 일본의 '국체론'의 독자성이 있었다고 말할 수 있다. 그 결과 실체 여성 현실에 근거를 둔 것이 아닌 천황제 국체이데올로기에서 유래한 국가주의적 젠더이데올로기에 여성들은 규범화되기에 이른 것이다.

근대국민국가에 필요불가결한 원리였던 젠더이데올로기를 분석하는 것은 근대국가에 내포하고 있는 문제를 역으로 조명하는 것이다. 일본의 경우는 그것이 천황제 문제와 연관되어 있었다. 이것이야말로 일본의 여성들이 직면한 가장 곤란한 문제점이었다는 것을 알 수 있다.

2. 국가신도와 젠더

근대국민국가의 젠더이데올로기의 최대 역할은 국가 성립기반인 여성원리를 체현하는 여성을 육성하는 것이었다. 서구의 경우를 보면 일부일처제라는 제도 아래에서 '성별분업핵가족화'에 근거하여 젠더이데올로기가 형성되었다. 그리고 그것은 '가정 내에서의 자아형성'이 마치 여성의 본질에 적합한 것인 것처럼 내면화해 가듯이 주도면밀하게 준비된 것이었다. 이때 여성들의 자아형성에 확실한 근거를 제공한 것은 근대 크리스트교 여성 모럴이었음을 간과해서는 안 된다.

근대 크리스트교는 내실면에서 이미 중세 크리스트교와는 차이가 있었으며 만인萬人을 구원하기 위한 보편종교가 아니었다. 담론상으로는 만인 구제라고 설교하지만 실제로는 각 나라마다 각자 내부의 국민구제가 최대 목적이었다. 그렇게 국민을 종교화시키는 것이 근대 정교분리의 내실이었다.

그리고 국민 종교화의 증거로서 근대 크리스트교는 국민도덕과 애국심을 설교했다. 여성에 대해서는 '근대성별 역할분업가족'이 중심이 되었고 훌륭한 국민을 육성하는 것이 신이 여성에게 부과한 최대 사명이라고 설명한다.

근대 일본의 경우 개개인의 여성들에게 젠더이데올로기를 내면화시키는 장치로서 근대 가족은 존재하지 않았다. 국민국가생성을 위해 필요불가분한 기반으로서 전통적인 문화적 여성원리를 채용하지 않으면 안 되는 이유가 바로 여기에 있었다. 문화적 여성원리 원천은 대부분의 경우 종교이다. 서구의 크리스트교가 근대성별 역할분업가족을 보완하는 역할을 담당했던 의미도 여기에 있다. 크리스트교에는 마리아, 중세의 순교자인 여성 성인聖人 등 영적靈的인 여성 형상形象이 풍부했다.

일본종교의 경우를 보면 불교와 유교 등은 남존여비 색채가 농후하고 여성의 영적지위는 너무나도 낮았다. 거기에는 생식인지 쾌락인지하는 현실적인 여성역할만이 요구되었고 문화적 여성원리가 육성될 리가 만무했다. 이러한 일본문화의 현세이익적 경향 속에서 모토오리 노리나가는 유일하게 문화적 영적 여성원리의 전통을 신도에서 찾았던 것이다. 노리나가가 개척한 국학은 그러한 의미에서 근대 일본의 구세주였다.

근대 일본의 국가건설은 천황제가 담당했을 정도로 큰 의미가 있었다. 이 문제에 관해서는 다각도에서 논해지지 않으면 안 된다. 물론 현재에도 많은 논리가 존재하지만 젠더 문제에 관해서 결정적 요인이었던 것을 특히 강조할 필요가 있을 것이다. 근대 일본에서 채용된 젠더이데올로기는 표면적 양상에서 느끼는 것 이상으로 천황제의 내장內裝에는 여성원리가 관통하고 있다. 천황제에 내장되어 있는 여성원리라는 것은 더 정확히 말하자면 천황제의 정신적 기반으로서의 '신도적 여성원리'이다. 그것은 노리나가가 말하는 아마테라스 오미카미의 자애이며 근대 일본국가는 그것을 국민 한 사람 한 사람에게 세뇌했던 것이다. 아마테라스 오미카미의 자애의 발현으로서 메이지 국가 건설에 남성뿐만 아니라 여성도 동참하게 되었던 것이다. 아니 오히려 여성이야말로 아마테라스 오미카미의 자애에 순응하며 국민국가건설을 위한 자기희생이 요구되어진 것은 아닐까. 그렇지만 여성들은 이러한 논리를 자각하지 못했다.

근대국가 생성기반으로서 필요불가결한 여성원리와 일체화하고 국가를 위해 아이를 많이 낳아 애국심을 가진 신민으로 키우고 국가적 사명을 위해 어떠한 자기희생도 마다하지 않는 여성이야말로 근대 일본이 가장 필요로 했으며 또한 국가입장에서는 현실적으로 이 부분이 가장 결핍된 부분이기도 했다. 그렇기 때문에 문명개화 초기에는 근대 크리스트교의 젠더이데올로기 채용도 신중하게 고려했지만, 그것이 내포하고 있는 자유주의적 경향 때문에 오히려 위험한 것으로 취급해 버렸다. 결과적으로 전통의 부활이라는 이름 아래 신도적 여성원리에 근대적 치장을 한 일본 독특의 젠더이데올로기 형성이 기획되었다.

그렇지만 근대 일본 젠더이데올로기인 이상 그것에 종교적 색채가 전부 벗겨진 채 나타난 것은 아니었다. 그것이 겉으로 나타나지 않게 하기 위해 교묘한 방법들이 고안되었던 것이다. 그것이 바로 가족국가 이데올로기였다. 그 문제를 논하기에 앞서 기반이 된 신도적 여성원리의 내실과 그것이 근대 일본의 국가전략에 어떠한 의미를 가졌었는지를 되돌아볼 필요가 있다.

신도적 여성원리의 원점은 아마테라스 오미카미이다. 신도는 원래 다신교多神教로서 아마테라스 오미카미 이외에도 아메노미나카누시노카미天御中主神・다카미 무스비노카미高御産日神・가미무스비 노카미神産日神・조우카노 산진造化の三神・오쿠니 누시노카미大國主神를 비롯한 많은 신들이 존재했지만 메이지유신 이후부터 아마테라스 오미카미가 대대적으로 부각하기 시작한다.

오에 시노부大江志乃夫에 의하면 이러한 아마테라스 오미카미가 돌출적으로 나타나게 된 것은 도쿠가와德川정권을 대신할 새로운 지배자로서 천황의 종교적 권위를 민중에게 보이기 위해 민중들에게 이세신궁伊勢神宮[13]에 대한 신앙심을 이용한 것이라고 말한

13) 이세신궁伊勢神宮은 미에현三重縣 이세시伊勢市에 있는 신궁神宮이다. 신사본청神社本廳의 혼소本宗로 지정되었다. 신도에서는 신사에 격格을 두고 있는데

다. 오에 시노부는 민중에게 공포한 고시 문장告示文章 중에 '아마테라스 오미카미의 자손御子孫樣'이라는 '천자 사마天子樣'라는 말이 사용되었다는 것에 주목한다.

이세신궁伊勢神宮의 내궁

이 이후에도 중요한 문서에 천황天皇과 천자天子를 구분해서 사용하는 예가 보이는데, '천자'라는 말은 아마테라스 오미카미의 자손, 즉 종교적 권위를 표현하는 말로 사용되고 있다. 당시 민중 대부분은 '천자'의 존재를 알지 못했지만 이세에 있는 신궁에 대해서는 강한 신앙심을 갖고 있었다. 민중의 신궁에 대한 신앙심은 '천자', 즉 조상에게 제사지낸다는 의미의 아마테라스 오미카미를 떠받드는 신궁에 대한 신앙이 아니라 농업 신에 대한 신앙이었다. (…중략…) 여기에 전개된 논리는 소박한 민중의 사고양식에 대해서는 설득력이 있었다. 동시에 이 소박한 논리 속에 국가신도의 기본 논리가 포함되어 있었다. '천자'인 천황과 아마테라스를 바로 연결시키고 그것을 중핵으로 놓고 다른 신들을 서열화하여 일반민중에게 퍼뜨리는 방식이었다.[14]

이세신궁은 별격으로 격을 두지 않았다. 건물은 고타신궁皇大神宮과 도요우케타신궁豊受大神宮으로 이루어졌다. 통상적으로 고타신궁을 내궁內宮이라 부르고, 도요우케타신사를 외궁外宮이라 부른다. 내궁은 아마테라스 오미카미를 제신으로 모시고 있다(역자 주).

14) 大江志乃夫, 『靖國神社』, 岩波書店, 1984, 65~67면.

메이지천황의 어진영(御眞影)

16세에 즉위한 메이지천황에게는 아직 만민을 복종시킬 권위를 갖지 못했기 때문에 그 종교적 권위의 원천을 황조신皇祖神인 아마테라스 오미카미에게 의존할 수밖에 없었다. 또한 아마테라스 오미카미는 새로운 권력자 '천자'의 기원으로서 자리를 확실히 취하는 것으로 농경신에서 천황가의 황조신으로 상승했던 것이다.

근대국민국가의 통합원리는 이미 지적한 바와 같이 표면적으로는 지배원리의 정립, 심층부분에서는 과거로 거슬러 올라간 국민국가의 집단적 기억과 민중의 소박한 공통감각에 기초하고 있었다. 이 두 가지 원리는 젠더로 배분되었고 직접적으로는 연결하고 있지 않았다. 그러나 일본의 경우는 어머니인 황조신과 그 자손인 '천자'라는 상호의존적인 관계로 천황의 권위가 보증되었기 때문에 정치권력과 종교적 권위가 융합되지 않을 수 없었다. 이미 많은 학자들의 지적이 있었던 바와 같이 '제정일치'가 기능하는 근대국가로서는 특수한 형태를 취하게 되었던 것이다.

그렇지만 원래 다신교였던 신도가 아마테라스 오미카미를 중심으로 하는 위계적 체계를 질서화하기 위해서는 그것을 정당화하는 신학神學이 필요했다. 하가 쇼지羽賀祥二에 의하면 근대천황제 성립기의 국가제사는 기기신화記紀神話의 시원始源=천지창조와 천손의 신의 계보를 중시하는 복고신도復古神道와 만세일계万世一系의 천황계통 계승신화를 중시하는 유신관료 사이에 커다란 알력이 있었다는 것이다.

> 천황의 자리를 '백성의 부모'라는 의미로 두는가 아니면 신지神祇[15]·황령皇靈의 제사자로 두는가에 따라 천황통치관의 차이가 발생하며 제도상으로도 다르게 나타난다. 후자의 입장을 취하면 제사 행사에 보조 역할을 담당하는 신지관神祇官은 국가기관의 최상위에 두지 않으면 안 된다. 한편 전자의 입장에 서면 아마테라스 오미카미의 지위와 만세일계의 천황계통 문제가 강하게 대두하지 않을 수 없다. 이러한 차이는 선교宣教 정책의 교의를 둘러싸고 대립적으로 나타나게 된다.[16]

이것은 신도조차도 국가적 요청으로 변혁을 강요당한 것으로 볼 수 있다. 1871년 역대의 황령皇靈은 궁중의 현소賢所[17]에서 천황자신에 의해 제사지낸다는 황령천좌皇靈遷座의 칙서가 나왔다.[18] 이 칙서에 의해 종래의 복고신도에 기초를 두었던 신지관神祇官 신전의 천신지기제사天神地祇祭祀의 지위는 후퇴한다. 신관뿐만이 아니라 천황자신이 신기神器와 아마테라스 오미카미에게서 황손

---

15) '신神은 아마쓰카미天津神를 가리키고, 지祇는 구니쓰카미國津神를 가리킨다.
16) 羽賀祥二, 『明治維新と宗教』, 筑摩書房, 1994, 118면.
17) 황조신 아마테라스 오미카미를 제신으로 모신 곳을 일컫는다. 신령의 의미로 삼종의 신기三種の神器의 하나인 야타노카가미八咫鏡가 봉재되어 있다. 교토京都에 있었을 때는 '나이시도코로內侍所'라고 불렀다(역자 주).
18) 村上重良, 『近代詔勅集』, 新人物往來社, 1983, 72면.

니니기노 미코토瓊瓊杵尊를 거쳐 신무천황 이하 역대 천황의 영혼을 제사지내는 현소 '제사제도'가 확립된다. 이 현소 개혁의 의의에 대해선 하가는 다음과 같이 서술한다.

> 천황의 '효경孝敬' 예례禮禮는 신비적인 '가사家事'인 것이 아니라 군신일체君臣一體가 되는 형식이 아니면 안 된다. 그리고 아마테라스 오미카미를 조상신으로 하고, 만세일통萬世一統의 신들 계보 중에 신기神器를 계승하는 천황은 그 군신의 대의를 천하게 나타내며 그 절대적 정신적 위력을 배경으로 태정관太政官에 군림하는 정치적 군주가 아니면 안 되었던 것이다. 또한 이러한 만세일계를 계승하는 천황이야말로 타국에 대해 국가의 우월성을 상징하는 제도이며 종래의 천신지기제사天神地祇祭祀나 신지관의 상징과 비교해도 보다 명확한 '국체'를 표현한 것이었다.[19)]

이러한 아마테라스 오미카미를 최고신으로 하는 형태는 명확히 일신교一神教적이며 당시 크리스트교에 대항하는 국교 신학의 융성을 시사하고 있는 것이다. 하가에 따르면 선교권판관宣教權判官 지위에 있었던 오노 노베노부小野述信에 의한 신도종문神道宗門 기획이 그 배경에 있었다고 전한다. 이 신학神學은 최고유일신의 자손인 천황이 '현신인現神人으로서 현세에 군림하고 최고신의 영령 구제 은덕을 나타내는 종교적 역할'을 담당한다고 주장한다.

근대국가의 형성기반인 국민종교의 성립과 그것을 지탱하는 심

---

19) 羽賀祥二, 『明治維新と宗教』, 127면.

층적 여성원리의 배치는 근대 일본에서 아마테라스 오미카미를 최고신으로 하는 국가신도의 확립이라는 형태로 나타났던 것이다.

이는 언뜻 보면 전근대로 역행하는 듯하지만 실제로는 아주 근대적인 방식이었다. 근대국가가 합리적 프로파간다의 표층 속에 가지고 있던 비합리적 요소, 즉 심층에서 감추어져 있어야 할 원리가 노골적인 형태로 나타났다는 것이다.

근대국가의 국민종교로서 보편종교가 아니라 토착종교의 채용은 일본 근대가 서구 근대와는 양상이 다른 모습을 갖는 커다란 요인이었다. 타도해야만 하는 막번체제가 보편종교인 불교나 유교와 강하게 연결되어있다는 것, 그들의 보편종교에 여성원리가 기본적으로 결핍되어 있다는 것 등 어쩔 수 없는 사정이 있었던 것도 확실하다. 그렇지만 마침내 근대 일본의 이러한 어쩔 수 없는 선택이야말로 근대 일본국가의 특성, 다른 어떤 나라에도 유례없는 우월성의 증거라는 초국가주의 방향으로 나아가게 된 것이다.

1930년대 국가신도가 광신적인 색채를 강하게 지녔던 시대의 신도학자인 가토 겐지加藤玄智는 그 우월성을 다음과 같이 논한다.

> 국가적 신도는 다른 종교에서 볼 수 없는 특색을 발휘하고 있다. 그것은 전무후무한 국교라는 사실이다. 즉 근래에 와서 국교라 하면 기독교를 의미하는데, 기독교는 그들 유럽에서 생겨난 토착종교가 아니라 소아시아의 한 지역인 팔레스타인 예수에 의해 생겨난 종교이다. 개인적 종교를 채용하여 유럽이 특별히 보호하며 국교로 선언하고 있는 것이다. 이로 보아 오늘날 유럽종교는 수입국교라는 것을 알 수 있다. 후천

적인 국교인 것이다. (…중략…) 이에 반해 국가적 신도는 일본의 국민적 종교이며 고래나 지금이나 일본국가와 시종일관하고 있는 일본국가 종교이다. 다시 말하면 일본의 국교인 것이다. 그것은 일본에서 태어나서 일본에서 자란 종교이며 결코 수입 종교가 아니다. 일본인의 선천적 국교이다. 이 점은 서구 나라가 외국산 종교인 기독교를 가지고 국교로 채용하고 있는 것과 전혀 다른 차원의 이야기인 것이다. 따라서 이 국교는 세계 어디에도 유례없는 것이다. 즉 유례없는 국교인 것이다.[20)]

신도학자들은 토착종교에서 세계종교로 이행한 크리스트교 중심적 진화 종교사관을 부정했다. 근대국민국가시대의 세계종교는 국민종교로 재편될 필요가 있었다. 그들에 의하면 고대부터 이미 국가종교로 볼 수 있는 일본신도의 유일무이라는 점이 확실해진 것이다. 이는 당시 토착종교를 이용할 방법밖에 없었던 일본의 입장을 오히려 우월하다고 보는 강변적 주장이 아닐 수 없었다.

국가신도에 근대국민국가가 은폐하고 있었던 측면들이 당당히 전면에 나타났다. 자국을 절대시하는 내셔널리즘은 대부분의 근대국가가 내포하는 문제이지만 국제관계에서는 국가를 초월한 공통의 이성적 담론이 중시되고 국가나 민족의 기원이야기는 설화나 신화 등을 소재로 하는 낭만주의적 영역에서 전해지는 것이 통상이다. 그러나 근대 일본에서는 스스로를 신국神國이라고 칭하는 선민의식選民意識이 국가정책의 중심에 놓여 국가 기원 신화가 역사로 전환되고 이성적 담론이 오히려 억압되었다.

20) 加藤玄智, 『神道精義』, 大日本図書, 1938, 330면.

전체 조화를 위해 헌신하고 종 존속을 위한 대의大義를 견지하기 위해서는 자기희생적이어야 한다는 '여성'(이라는 젠더)에게 배분될 심층적 요구가 국민 전체에게 부과되었다.

국가의 중심적 이념도 만인의 정의를 실현한다는 것처럼 열려 있는 것이 아니라 모든 모순을 은폐하는 자폐적인 것이었다. 1937년 문부성 교학국教學局에서 발표된 '국체의 본의國體の本義'는 근대 일본의 국가원리가 다음과 같이 고시告示되어 있었다.

> 아마테라스 오미카미의 자손이 대대로 이 자리를 계승해 간다는 것은 영구히 변함이 없는 대의大義이다. 개인 집단이 모여 국가를 이루었는데, 외국에서의 군주는 지智·덕德·권력力을 표준으로 해서 덕이 있으면 그 자리를 계승하고 덕이 없으면 그 자리를 떠난다. 혹은 권력에 의해 지배자의 자리에 오르기도 하며 권력을 잃으면 그 자리를 쫓겨난다. 그 자리는 주권자인 민중의 의견과 선거에 의해 결정되는 등 오로지 인간의 행위와 인간의 힘으로 그것을 규정하는 결과가 되는 것은 어쩔 수 없다고 볼 수 있다. 그리고 덕이라든가 권력은 상대적인 것이기 때문에 권세나 이해관계에 의해 투쟁이 발생하고 혁명의 특성을 가진 나라가 된다. 그렇지만 우리 나라는 황위가 만세일계의 황통에서 나온 분에게 계승되기 때문에 절대로 움직일 수 없는 것이다. 그뿐만 아니라 황위의 천황은 자연스럽게 덕을 소유하고 계시기 때문에 그 황위는 더욱더 견고하고 신성한 것이다. 신민이 천황을 받들어 모시는 것은 의무가 아니고 또한 권력에 복종하는 것도 아닌 자연스럽게 생겨난 마음의 표현이며 고귀함에 대한 순종이다. 우리 국민은 이 황통이 번영하도록 외국의 어떤 나라에도 견줄 데 없는 존엄을 깊은 감명으로 받들어야 한다.[21]

일본의 지배원리가 인간의 이성능력과 인격능력, 권력 등의 인위적인 성격에 근거한 것이 아니라 '자연'이라는, 즉 모순과 대립이 없는 원리에 기초한다고 설명하고 있다. 이것은 일본의 지배원리가 선악과 진위를 기준으로 하는 남성원리가 아니고 '자연에 연원을 둔 덕'을 갖춘 아마테라스 오미카미의 자손인 천황이 신민을 '천황의 백성おほみたから'이라고 하며 자식들에게 '애호愛護를 베푼다'는 원리와 '어버이가 자식을 돌보는 것과 같은 천황의 인자함'이라고 정의된 '모성원리'를 지배원리로 사용하고 있는 것이다.

그렇지만 언뜻 보기에는 평화적이며 비폭력적인 '모성원리'인데 이를 표면적인 지배원리로 내세운 것이야말로 근대국가의 원동력인 권력적이자 폭력적인 '남성원리' 그것인 것이다. 근대 일본의 경우 국가적 남성원리는 표면에 내세우지 않고 배후에 놓고 표층의 '모성원리'를 조작하는 전략을 쓴 것이다. 그것은 남성원리를 공공연하게 내세우는 서구열강에 대항한 논리이며 독자적인 면을 강조하기 위한 고도의 전략이었다.

남성원리에 의해 조작된 '모성'에 대해 기호학자 줄리아 크리스테바Julia Kristeva[22]는 '남근적 모성男根的母性'이라고 명명한다. 그녀

---

21) 文部省教學局, 「國体の本義」, 『近代日本思想体系36, 昭和思想集』 II, 筑摩書房, 1978, 74면.

22) 줄리아 크리스테바Julia Kristeva는 프랑스 기호론학자로 불가리아서 태어났다. 1966년 프랑스로 건너가 구조주의 영향으로 언어학 · 정신분석학 · 기호론 등 새로운 성과를 문학연구에 응용하였다. S. 프로이트의 자아형성론을 수정하면서 주객미분主客未分의 욕동세계欲動世界에 있는 유아가 언어능력을 갖춘 자기동일적 주체로서 생성하는 구조를 연구하였다. 또한 그 자아형성 모델을 공동체의 문화적 상징질서의 형성과정에도 적용시켜 종교의례 · 종교적 텍스트(성서) · 문학(특히 현대의 전위문학, L. F. 셀린 · G. 바타유) 등이 담당하는 욕동의 승화작용 분석에 힘썼다. 고정화된 문화상징질서의 심층에서 억압당하고 있는

는 '남근적모성' 권력시스템이 '자연'이라는 명목으로 폭력을 유발시키며 불합리한 폭력지배 속에서 주체를 퇴행시킨, 즉 미성숙한 상태를 유지하게 만든다고 지적한다. 대일본제국 신민들은 모신母神과 천황으로 이어진다는 '종의 논리' 절대성 아래 로고스logos(이성) 능력을 상실했던 것이다. 모성의 권력지배 아래에서의 주체성 공무화空無化에 대해 크리스테바는 다음과 같이 날카롭게 지적한다.

> 한 측면에서는 어머니에 대한 근친상간적 욕망, 또 다른 측면에서는 어머니와의 분리에 의해 생겨난 경계선, 그 경계선은 견고한 성城을 만들지만 공허한 성이 된다. 주체와 객체 사이에 선을 그어야 하는 부성父性기능의 부재, 또는 연약함은 경계선을 이상한 형태로 만든다. 그것은 공허(주체의 위치에서 보면 공무空無의 소산이며 대상으로서의 타자의 결여)인 동시에 숨이 막힐 듯한(자아를 압박하는) 것을 포함한 도식이다. 그렇게 되면 자아는 나르시시즘 수복력修復力의 하나인 동일화를 추구하려고 한다. 즉 주체가 무의미 · 공허 · 생명을 빼앗겨 버렸다. 꼭두각시 인형을 느끼는 동일화로. 무의미한 망령에 홀린 공허한 성. '무력한' 외부와 '불가능한' 내부 (후략)[23]

공무화空無化한 주체가 만든 국가는 발생한 사건들이 전부 자연적이라고 칭하고 어쩔 수 없이 긍정하게 만들고 수용하게 만들며

무의식의 욕동세계가 어떤 구조에 의하여 승화되고 새로운 상징질서를 형성하여 가는지를 탐색한 점에 그녀의 독창성이 있다(역자 주).

23) J・クリステヴァ, 枝川昌雄 譯, 『恐怖の權力』, 法政大學出版局, 1984, 72면.

무책임한 체제가 지배원리로 되는 것이다.

'어머니와 같은 자비'와 '넓은 마음'에 의해 '어머니 품으로'라는 동일화를 폭력적으로 수행한다. 이는 자국의 신민뿐만 아니라 타국 민중에게도 강요하며 그에 대항하면 용서하지 않았다. 그리고 그 강제적인 '자애'에 의해 생긴 잔학한 사건과 폭력적 사건이 가진 의미를 인식하고 그 책임을 질 주체는 어디에도 존재하지 않게 된다.

근대 일본의 '모성적 원리' 국가체제의 독자성은 그것이 가족으로 의인화된다. 그 때문에 여성들의 국가에 대한 헌신은 당연한 것이 된다. 그러나 이는 또한 사적영역으로서 개별가족의 독립성이 박탈된 것을 의미한다. 여성을 자승자박한 '가족국가'이데올로기의 함정에 대해 더 자세히 살펴보기로 한다.

3. '가족국가'라는 국체전략

종래의 가족국가론에서는 근대 일본이 국체로서 천황제 가족국가를 취한 것을 자명한 것이라고 전제하며 전개한 것이 일반적이다. 그러나 근대 가족·시민사회·국민국가라는 세 요소를 기본으로 삼고 있는 서구 근대화와 비교하면 일본이 한발 더 진보하여 가족과 국가가 유착할 이데올로기를 선택하지 않을 수 없었던 이유를 파악해야 할 것이다. 혹은 그 형성 과정을 검토하는 것은 근대 일본의 가족 그리고 그 내부의 젠더관계를 고찰함에 필요한 작업이라고 생각된다.

근대 일본의 가족과 국가를 일체화하려는 발상이 주류를 이루게 된 이유로 자주 시민사회가 미성숙했다는 것을 들고 있다. 그러나 에도江戶 근세의 쵸닌町人[24]사회에 시민사회의 맹아가 보인다는 최근의 연구가 있다.[25] 그렇다면 가족과 국가의 일체화는 근대 일본이 시민사회가 생성되는 것을 막기 위해 의식적으로 취한 전략이었다고 보는 것이 타당할 것이다.

근대 일본의 국가창출가國家創出家들은 시민사회를 미성숙한 채로 남겨두면서 민중이 자발적으로 요구한 것이라는 논리로 절대적 전제국가체제를 만드는 것에 모든 지혜를 총동원한 것이다.

서구 근대는 개인을 가족의 성원·시민·국민이라는 세 가지 속성으로 간주하였다. 이 속성 간에는 대립이나 갈등이 존재하는데 바로 이 대립이나 갈등 부분이 서구 근대인의 '자유 의지적 주체'를 형성할 수 있게 했던 것이다. 그렇지만 지배층에 의해 근대화가 촉진되고 일본인의 존재 형상 모델도 지배층이 제시하는 것으로 출발한 일본의 근대는 민중에게 서구 근대와 같은 세 가지 속성 모델을 제시하는 것은 불필요했다. 이 세 가지의 속성이 가진 특성들을 지워버리는 형태로 일원화를 기획했다. 그것이 전제專制 체제에서 자발적인 순종을 서약하는 주체라면 지배자측 입장

24) 쵸닌町人이란 에도 시대에 도시에 거주한 장인이나 상인을 가리키는 말이다. 에도 시대 전기까지 있었던 신분제도인 사농공상士農工商 중 말단인 공상工商을 가리켰다. 신분적으로는 하층사회에 속했으나 우수한 기술력과 풍부한 자금으로 무사를 압도하여 독자적인 도시문화(쵸닌문화町人文化)를 형성했다(역자 주).

25) 『現代農業增刊・すべては江戶時代に花咲いた』, 農産漁村文化協會, 1996, 참조

에서는 이보다 더 좋을 수는 없었다. 그리고 가장 걸 맞는 주체 형태로 '신민'을 제시한 것이다.

지역 공동체에 귀속의식을 가지고 있었지만 국가의식은 갖지 못했고 천황의 존재도 멀게만 느끼고 있던 민중을 어떻게 하면 국가에 충량한 존재로 신민화해 갈 수 있을까 바로 이 점에 근대 일본의 국가전략 목표를 두었던 것이다. 이에 채용된 것이 민중에게 가장 가까운 '가족이미지'였던 것이다. 위대한 신성神聖 가족을 중심에 놓고 그 위대한 가족 모델 안에 민중의 욕망을 흡수해 가려는 야심찬 구상이었다.

일부다처제로 늘 권력투쟁이 벌어졌고 부모와 자식 간의 유대도 희박한 황실 전통은 신성 가족 모델에 적합하다고 볼 수 없었다. 그러나 막말 내분이 일어났을 때 국내의 유일한 국가통합의 상징이 될 수 있었던 황실을 근대국가의 중심으로 만들기 위해서는 '신성 가족'으로 상징화할 필요가 있었다.

바로 여기에 고대의 신성가족 신화가 이용되었다고 할 수 있다. 1868년의 즉위식 '축사'26)에서 천신天神 이자나기伊邪那岐 · 이자나미伊邪那美 · 아마테라스 오미카미 · 니니기노 미코토瓊瓊杵尊라는 신성 가족의 계통이 만세일계로서 신격화되고 찬양되었다. 천황은 신성가족의 상징으로 민중 앞에 모습을 드러냈다. 이러한 신성가족 신을 기원으로 하며 그것을 정점에 두고 가족국가의 일원 즉 신민이 되는 것으로 천황의 은혜를 받을 수 있다고 주장한 것이다.

근대 일본의 가족국가 이데올로기는 유교도덕에 기초한 것이

---

26) 宮內廳 編,『明治天皇紀』第1, 吉川弘文館, 1969, 811면.

라고 말하지만 그 형성 과정을 보면 오히려 국가신도와 일체화하고 있었다고 말할 수 있을 것이다. 근대 일본의 전제국가 중심체제를 은폐하는 장치로서 상징화된 신성가족에서 알 수 있듯이 여기서 의미하는 신성가족 이미지는 가부장적인 것도 아니었다. 가부장 개별적 권력은 전혀 인정하고 있지도 않고 가부장조차 만세일계라는 영구한 '종' 계통의 한 부분에 지나지 않는다.

천황가라는 신성가족을 모델로 하여 근대 일본의 가족 이미지는 형성되었다. 그 가족관에서 중시되는 것은 아버지의 인격적 위엄에 대해 자식들이 존경한다는 덕치주의적 관계도 가족 간의 상호 밀접한 애정으로 가득찬 관계도 아니었다. 중요한 것은 가족의 내실이 아니라 '만세일계'를 정점에 놓은 과거로부터 현재까지의 '종'의 계보를 공유한다는 '형식'만이 존재한다. 천황가라는 신성가족에서 중요한 것은 아마테라스 오미카미와 천황의 관계뿐인 것이다. 더욱이 천황의 아버지와의 관계도 부인과의 관계도 후계자인 남자 아들과의 관계도 중요시되지 않았다. 천황을 천황으로 존재하게 만들어주는 힘의 원천은 아마테라스 오미카미뿐이었기 때문이다. 이는 '천황=현신現身의 신'을 주장한 1871년의 신지성神祇省 의견서에 적혀 있다.

> 아마테라스 오미카미는 현재 천황의 조상이며 현재 천황은 현세에 인간으로 나타나신 신으로 아마테라스 오미카미의 뜻에 의해 이 세상의 인민을 다스리기 위해 나타나셨다. 천황의 은혜는 아마테라스 오미카미의 은혜와 마찬가지이므로 받들어 모셔야 한다.[27)]

신성가족이 상징하는 가족은 절대적 권력을 가진 남성 천황과 그 권위의 원천인 모신母神이라는 이항관계를 중심으로 하고 있다. 모자중심적인 신성가족이라고 말하면 성모마리아와 예수의 성모자聖母子관계가 떠오를 것이다. 그렇지만 이 경우 결정적인 것은 모자관계를 절대시하고 있는 어디까지나 보이지 않는 아버지 신이라는 것이다. 아버지 신은 근친상간적 모자관계를 절단하는 보편적 원리로서 상징되고 있다.

그러나 천황가 신성가족에서 아버지는 부재不在한다. 이것은 천황가天皇家 모자관계가 보편적 원리에 열려있는 것이 아니라 근친관계 속에 갇혀 있음을 말해주고 있다. 더 나아가서 어머니신은 그 자체로 자립한 것이 아니라 현재 천황의 내부에 작용하는 힘으로밖에 나타나지 않는다는 것이다. 천황은 어머니를 내부화한 아버지의 의미를 나타내고 있는 것이다. 왕정복고王政復古(1867년)령이 내려졌을 무렵 천황은 15살의 소년이었지만 칙서에 의해 이미 민중과의 관계는 부자父子관계가 되었다. 결국 민중이 모두 천황의 적자赤子가 되는 것이다.[28)]

근대 일본의 특이성은 결코 보편적 형태라고 말할 수 없는 신성가족을 상징으로 사용하여 국가형성을 출발했다는 것이다. 그리고 신성가족 모델로서 개별적인 가족공동체 창설을 시도했는데, 그 구체적 계획의 첫발이 1871년 제정된 호적법이었다.

정부가 인민을 다루는 것은 자식을 다루는 것과 마찬가지로 본분을

---

27) 「神祇省見込按」, 『大木喬任文書』, 國立國會図書館憲政資料室所藏.
28) 村上重良, 『近代詔勅集』, 新人物往來社, 1983, 25면.

다하지 않으면 안 될 것이다. 이러한 자식과 같은 인민人民의 숫자・생사・혼인 관계 등을 전부 파악하려면 어떻게 해야 할까.[29]

위의 글을 보면 정부가 '인민의 부모'라는 입장에서 인민의 현재 상태를 장악하기 위해 이에를 창설한다는 의도를 명확히 서술하고 있다. 그리고 이에의 중심에 '호주'를 정했는데 호주는 국가와 가정을 이어주는 역할자였다. 호주제도의 중요성에 대해 마쓰모토 산노스케松本三之介는 다음과 같이 지적한다.

호적법 제정에 의한 호주 신설은 신정부가 가족 형태를 하나의 틀로 규정함으로서 천황제 국가의 기반인 '이에'를 창출하는 기획이었다고 말할 수 있다. 바꾸어 말하면 천황제 국가가 다름 아닌 가족국가로서 자기 표상을 위한 하나의 계단을 쌓아 올린 것이다. 즉 국가가 가족을 모방함으로서 국가를 가족에 비유하는 것도 사실은 가능하게 된 것이다. 그것이 '이에'의 정치적이고 사상적인 의미이다. 그리고 '이에'관념을 매개로 권력단체인 국가와 친족단체인 가족이라는 이질적인 두 집단 사이에 친화와 호환성을 만들 수 있었다. '한 국가는 한 '이에'에서 확대된 것'이라든지 '이에는 작은 나라이며 나라는 큰 이에'라는 말은 이러한 국가와 이에의 상호친화 관계를 제시한 것이다.[30]

29) 明治法制經濟史研究所 編,『元老院會議筆記』前期 第11卷, 元老院會議筆記刊行會, 1967, 297면.

30) 松本三之介,『明治思想における伝統と近代』, 東京大學出版會, 1996, 32~33면.

마쓰모토에 의하면 가족국가의 성격을 천황가라는 신성가족의 민중판인 호주제를 통해 창출해 가는 것으로 나타났다고 보았다. 그렇기 때문에 호주의 절대적 권력은 국가를 배경으로 하고 있지만 호주가 각 집안의 미니 천황의 역할을 담당하기 위해서는 각 집안의 제사권을 장악할 필요가 있었다. 그래서 이에의 존립에 가장 중요한 일로 조상제사에 의미를 두었다.

조상숭배는 이미 에도 시대 중기부터 널리 농민층에 보급되어 있었고 그것은 촌락공동체의 씨신氏神·동족신同族神·진수신鎭守神 등의 신앙과 연결되어 있었다. 조상숭배의 전통이 메이지 국가에 의해 호주제도의 창출에 이용되었던 것이다. 조상은 누구나 될 수 있는 것이 아니라 이에에 속한 사람들을 통괄하고 이에를 유지 발전시키는 책임을 가진 '호주=가장'만이 될 수 있다고 명언하고 있다. 조상숭배는 호주 권위의 원천이며 또한 가족 구성원들의 호주에 대한 복종 효과도 낳게 되었다.

이렇게 각각의 이에의 조상숭배 중핵자로 호주를 창출하는 것으로 국가와 각각의 이에 연결은 보다 선명해졌다. 가족이 같이 살아가는 구성원들의 집합체라는 의미보다는 과거부터 현재와 미래를 연결하는 '종 이론'에 연결되는 것에 커다란 의의가 있다고 간주하고 아마테라스 오미카미를 황조신이라는 만세일계의 천황가 가족모델의 완비가 선명해진 것이다. 이러한 논리에 대해 마쓰모토는 다음과 같이 정리했다.

> '만세일계' 관념이 국민의 '이에' 관념 모습과 무관한 것이 아니라는 것을 알게 해준다. 다시 말하면 국체라는 관념은 황실이나 국가라는 공

적세계의 근본적인 모습에 관계되는 내용을 가질 뿐만 아니라 그와 같은 발상이 국민의 사적인 생활질서를 둘러싼 관념이 구석구석까지 침투하여 규율로 작동해 버린다. 천황제 국가이데올로기의 질김을 낳은 비밀은 이 점에 있었다.[31)]

마쓰모토는 천황 가족 모델이 민중 가족의 이상으로 규정되었다는 것을 중시한다. 그는 메이지 이후 천황제 국민국가에서 가족은 이전의 촌락공동체의 가족 혹은 무가武家사회의 가족과는 질적으로 전혀 다르게 변화했음을 강조하고 있다.

메이지 이전에도 이에의 조상숭배는 존재했고 이에의 중심은 가장이었지만 그들의 관계는 '가족 구성원들이 살고 있는 현실' 속에 있었다. 그러나 메이지 이후 천황가가 가족모델이 된 후부터 가족들 관계는 현재가 아니고 '과거에서 미래로 연결되는 계보'에 놓여졌다. 그 결과 가족은 가족 성원간의 사적관계라는 내적인 면이 경시되고 조상숭배와 그것을 통해 국가와 일체화하는 형식적 측면이 중시되는 장소가 되었다. 그것이 '국체'라는 관념이 가족의 사적생활 질서에 철저하게 침식한 내막이다.

유럽의 근대 가족적인 가족이미지와는 전혀 다른 이질적인 가족개념이 근대 일본의 '가족'으로 창출된 의미는 크다. 동시기 문명개화라는 이름으로 서구적 가족이념도 일본으로 수입되었다. 후자는 유학하고 돌아온 지식인들이나 크리스트교계통의 지식인들에 의해 이상적 가족모델로 소개되었고 서구화한 젊은 세대들

31) 松本三之介, 앞의 책, 37면.

의 마음을 사로잡았다. 특히 여성들은 가족에 대한 사랑과 헌신을 자신들의 아이덴티티로 받아들였다.

다시 한 번 지적하지만 국민국가는 이러한 여성들의 헌신적인 욕망을 적극적으로 활용하는 전략을 취하고 있었다. 그리고 활용하기에 최고 적합한 장소가 가족이었다. 메이지 정부는 가족의 창출을 기획하는데 있어서 그 가족 모델이 천황가라는 기괴한 모델을 이용하였다. 그리고 메이지 정부의 다음 과제는 가족모델 속으로 여성을 어떻게 편입시킬 가에 있었다. 시행착오를 겪은 끝에 만든 메이지 민법 안에 가족제도에서의 여성의 위치를 제시했다.

가족모델이 서구적 근대 가족에서 천황제 모델로 변화했어도 여성들의 가족에 대한 헌신적인 욕망은 식을 줄 몰랐다. 근대 가족 형태의 경우 여성은 여성의 역할을 담당하는 것으로 남편에게 헌신하는 것이 현실화되는데 천황가 모델의 경우 여성은 어머니 역할을 담당하는 것으로 장남을 통해 가족에 헌신하는 것을 현실화한다. 여성은 메이지 민법에 의해 무능력자에 대해 비판을 할 수는 있었지만 호주의 어머니가 될 가능성을 얻은 것은 아니었다.

메이지 민법 가족제도는 가족국가 이데올로기와 연결되어 창출되었다. 그것은 당시 강력한 가족국가론자인 호즈미 야쓰카穗積八束의 말에서 알 수 있다.

> 가정은 사회의 시작이며 그 사상을 확대하여 조상을 같이하는 민족이 시조始祖를 숭배하고 그 위령아래 협동한다. 그럼으로써 혈족집단을 형성하는데 그것이 민족 건국의 시작이다. (…중략…) 가정의 시작은 부모에게 있는 것처럼 국가에도 민족의 시조가 있다. 만세일계 황위는 우리

민족의 시조인 조상의 위령을 대표하여 자애로서 자손들 위에 군림한다. 황위는 신성한 것이다.[32]

야쓰카가 역설한 것처럼 가족국가론 가족모델은 황실이었다. 국가의 절대적 권력을 쥐고 있는 것이 천황이듯이 가정의 절대적 권력을 쥐는 것은 호주였다. 그러나 여기서 잊어서는 안 되는 것은 황실에서 절대적 권위의 원천은 황조 아마테라스 오미카미라는 점이다. 황실 모델을 원용한다면 이에에 있어서 호주의 권위 원천은 호주의 어머니라는 것이 된다.

가족제도는 여성에게 질곡이었으며 동시에 여성에게 권위를 부여하는 이유가 여기에 있다. 가족제도가 천황제 가족국가와 마찬가지로 '둘도 없는 종種'의 계승을 그 기반으로 하는 이상 '종 계승'을 담당하는 여성들이 형식적인 권력으로부터는 소외되었다 하더라도 실질적인 권위의 보유자였으며 실질적인 권력 집행자가 될 충분한 가능성이 있었기 때문이다. 표면적으로는 호주가 권력 담당자였지만 실질적으로는 이에의 종 논리의 체현자인 여성이었다. 그러한 의미에서 심층 부분에서 국가와 연결되고 있는 여성의 보이지 않는 힘은 과소평가해서는 안 될 것이다.

이에제도 확립과 함께 가족국가론의 내면화를 위한 국민도덕론이 성행하였다. 국민도덕의 중심은 황실중심의 가족국가에서 신민이 되어야 한다고 주장한다. 또한 여성에게는 현모양처교육도 눈에 띄게 나타난다. 여기서 말하는 현모양처라는 것은 개별

32) 穗積八束, 「憲法の精神」, 『明治思想集』(松本三之介 編) II, 筑摩書房, 1976, 36면.

적 가족에 머무르지 않고 국가에 대한 여성의 역할을 의미한다. 근대 일본의 국가형성에서 가정교육과 현모양처사상의 의의를 검토한 고야마 시즈코小山靜子는 현모양처 사상을 전근대적 봉건적인 여성관에 근거한 것이라고 본 기존의 관점을 비판하고, 그것을 근대 일본의 국가전략의 일환으로 다루었다. 고야마는 메이지 30년대 이후부터 반복적으로 나타나는 가정교육 중시론에 착목하여 다음과 같이 지적한다.

> 메이지 30년대 가정교육론에서 중점적으로 다룬 것은 그 이후에도 반복된다. 즉 다이쇼 중기에 가정교육론이 다시 성행하는데 그것의 기본적인 틀은 변경되지 않고 '어머니' 역할이 보다 강화되었다. 즉 '모성'이라는 번역어가 등장하고 여성이 생득적으로 보유하고 있다고 보는 모성과 모성애 나아가서 모자일체의 관계가 중시된다. 이것은 전부 메이지 30년대 가정교육론에서 밝혀낼 수 있다.[33]

이러한 모성중심 가정교육론의 의미를 가족국가 이데올로기와의 관계에서 다시 검토할 필요가 있다. 근대국가 건설에서 필요불가결한 것은 국가에 헌신하는 국민육성이었다. 서구 근대 가족은 차세대 육성 부문을 여성에게 맡겼지만 가정교육에 남성들의 참여를 중시했다.

한편 근대 일본은 그 역할을 철저하게 여성에게 맡겼다. 단기간의 국가건설에 남성을 빼내어간 것이 남성을 가정에서 아무런

---

33) 小山靜子, 『良妻賢母という規範』, 勁草書房, 1991, 87면.

역할을 못하게 한 요인이기도 했겠지만 근대 일본의 가족이미지가 천황가 모델인 것에서 모자관계 중심의 의미는 컸다.

하가 노보루芳賀登는 이에 유지에 중심적 역할을 담당한 '주부家刀自' 역할에 주목하여 아이치현愛知縣의 부농인 후루하시古橋 씨 집안의 경우를 사례로 들고 있다.

> 후루하시古橋 씨 집안에서는 그 집안에서 가장 훌륭한 사람을 표창하고 있다. 그 대표적인 것 중 하나가 주부로서의 어머니와 아내의 표창이다. 고지마 기른兒島基隆의 역사 그림을 보아도 자주 주부의 이름이 등장한다. 어느 가정에서든 어머니와 아내의 역할은 한 집안을 다스리는데 중요하다. 따라서 주부가 며느리에게 무엇을 가르칠지 등은 가풍으로 전해진다. (…중략…) 집안을 안정시키는 것은 주부의 힘이고 그것이야말로 인간의 대표가 되는 것이다.[34]

이에제도의 실질적 중심은 모자관계에 있다는 것이 후루하시 씨 집안의 예禮에서 전형적으로 나타난다. 여성이 주부가 됨으로써 집안의 권력을 쥐게 된다는 것 그리고 그녀에 대한 평가는 남편과의 관계가 아니라 집안의 뒤를 이을 남자 아이의 육성에 있다는 것이다. 하가와 같은 보수적 일본남성은 이러한 모자관계 중심의 집안에 강한 노스텔지어를 갖고 있는 것 같다. 이러한 모자중심 집안의 모습이야말로 천황가 중심의 가족국가와 일체화된 것이며 국체 정신의 체현이라는 것을 직관하고 있다.

34) 芳賀登, 『良妻賢母』, 雄山閣, 1990, 229~230면.

메이지 말기 남존여비적인 이에제도에 대해 '신여성'들이 반격을 가하기도 했다. 그리고 적지 않은 여성들은 이에제도의 심층에 가려진 주부의 의미에 대해 재고했다. 그러나 결국 남성중심의 이에제도를 여성중심의 이에제도로 변화시켜가는 것을 통해 가족국가 이데올로기의 수육화受肉化를 꿈꾸며 전시체제로 돌입하였다.

4. 전쟁과 젠더

여성은 전쟁의 피해자라고 보는 관점은 아직도 뿌리 깊다. 그렇지만 여성과 전쟁에 관한 다각적인 연구가 나오면서 여성도 전쟁의 가해자적인 측면이 있을 수 있다는 것에 주목하게 되었다. 여성은 전쟁에서 전투요원이 아니었기 때문에 여성의 전쟁 관여는 총후를 담당한 것으로 한정한다. 그렇지만 당시 국가는 여성들이 전쟁에 참가하는 남성들의 정신적 기반이 되는 이데올로기적 역할을 담당할 것을 기대했고 여성들이 그 기대에 부응했다는 것이다.

국가는 생명의 재생산을 담당하는 여성이 전쟁의 지원 역할을 충분히 수행할 수 있는지 어떤지에 대해서 확신을 갖고 있었던 것은 아니다. 생명을 낳는 여성과 국가를 위해 생명을 바치는 여성을 요구하는 국가가 기본적으로 대립 구조를 이루게 된다는 것은 헤겔이 이미 지적한 바가 있다.

> 가족은 공동체의 터전이며 개별적인 의식은 공동체를 활성화하는 토대이다. 만약 공동체가 가족의 행복을 파괴하고 자기의식을 해체하여 공동체정신에 동화됨으로써만 존속할 수 있다고 한다면 모름지기 공동체는 자기가 억압하면서도 또 자기에게 본질적이라고 할 수 밖에 없는, 도대체 여성적이라는 것을 스스로가 내면의 적으로 삼는 것이 된다. 공동세계의 영원한 아니러니die ewige Ironie des Gemeinswesens와도 같은 여성적이라는 것은 음모를 획책하여 정부의 보편적인 목적을 사적인 목적으로 변질시키고 보편적인 활동을 개인의 특정한 용무로 변화시켜 국가의 공유재산을 가족의 소유물이나 장식품이 되게 한다. (…중략…) 그러나 공동체는 어디까지나 개별적인 정신을 억압함으로써 자기를 보존할 수 있지만, 또한 개별적 정신은 공동세계를 이루는 본질적인 요소이기도 하므로 공동체가 이를 싹트게 한다고도 하겠다. 즉 개별정신을 적대적敵對的인 원리로 삼고 이를 억압해가면서 낳는다는 것이다.[35]

여성이 국가의식을 갖지 못할 경우 국가측에서 보면 여성들은 가정을 파괴하고 남성들을 빼앗아가는 '불합리한 권력'으로 나타난다. 여성은 사랑하는 가족과 남성을 지키기 위해 국가에도 대항한다는 것은 안티고네를 비롯한 여성들의 이야기에서도 나타난다. 그렇기 때문에 국가는 여성들의 반항을 억압하는 방책을 고안해야만 했다.

하나는 여성들을 강한 권력으로 억압하는 방법이 있다. 그렇지만 목숨을 건 여성들의 반항에 대해서 그것은 별로 효과가 없었

35) ヘーゲル, 앞의 책, 278면.

다. 그러므로 가장 바람직한 방법은 여성들에게 국가의식을 심어 주어 그녀들 스스로가 국가정책에 협력하고 전쟁수행에 힘이 될 수 있도록 유도하는 것이다.

근대 일본에서 본격적인 총력전이라고 볼 수 있는 러일전쟁에 대해 여성들 반전시反戰詩가 공식적인 자리에서 발표되었다. 그것이 바로 요사노 아키코의 「전쟁에서 죽을 필요가 없다」라는 시詩이다. 그녀는 사랑하는 가족을 빼앗아가는 국가의 불합리한 권력에 대해 반항적 시를 읊었다. 이 시를 읽은 국가주의자 오마치 게쓰키大町桂月는 "전쟁을 부정하는 사회주의자들이 나타났는데 이것을 운문을 통해 표현하고 있는 자들이다"라며 아키코를 격렬하게 비난했다.[36)]

이에 대해 요사노는 "나는 진심에서 우러나오는 내 감정을 진지하게 표현했는데 내 뜻을 제대로 알지 못하는 구나"라며 반박했다. 양쪽의 의견을 게재한 당시의 신문은 요사노의 시문에는 반전사상보다는 육친을 생각하는 비탄의 정을 느낀다고 적으며 요사노에게 호의적이었다. 여기서 여성이 육친애에 바탕을 두면 전쟁을 부정하는 것이 아직 허용되고 있었던 시대였음을 엿볼 수 있다. 노다 우타로野田宇太郎의 지적처럼 당시 정부는 사회주의자들의 반전운동에 처벌이 엄중했지만 요사노의 시가 게재된 『명성明星』을 발행금지 시키지도 않았다.

명확한 '주의'라든가 '주장'이 아니고 순수한 육친애에 바탕을 둔 전쟁부정의 정서는 어차피 국가권력에 무력하다는 것을 당시

---

36) 野田宇太郎, 「晶子における戰爭と死」, 『文芸讀本・与謝野晶子』, 河出書房新社, 1991, 90면.

정부는 알고 있었던 것임에 틀림없다. 그렇기 때문에 사회주의자에 대해서 대역죄大逆罪를 적용한 정부는 요사노의 반전 시는 묵인한 것이다. 대역사건은 요사노에게 있어서도 충격적인 사건이었다. 그녀가 국가권력의 강인함을 실감한 것은 "대역죄를 범한 여성이 나의 시집을 읽었다고 전해왔습니다. 저는 무서워서 그녀를 면회하지 못했습니다"[37)]라는 서간문에서 알 수 있다.

요사노는 다이쇼 데모크라시기 군축주의軍縮主義에 공명共鳴하고 '생명을 길러내는 부인生命を育む婦人' 입장에서 반군국주의의 견해를 발표했다. 그러나 일본이 국익을 위한다는 명목으로 중국대륙 침략을 감행하고 그것을 정당화하는 논리를 선전하기 시작했을 때 그녀는 오히려 그 논리를 받아들이고 침략을 미화하는 발언을 하기 시작한다. 고우치 노부코香內信子는, 1931년에 요사노가 지은 '일본국민 아침의 노래日本國民 朝の歌'에서 노골적인 전쟁 찬미를 지적한다.

> ① 우리들에게 옳은 길이 있다면 하나 우리 총후의 민중도 격려를 위해 용기를 몇 배로 배양해야 하지 않겠는가. ② 무사가 아닌 국민도 긴장을 늦추지 않고 목숨을 항상 나라에 바칠 각오는 변함이 없다.[38)]

요사노 아키코는 위와 같은 시에서 총후의 여성들도 국가가 수행하는 전쟁을 위해 생명을 던지는 전사의 행동과 마음을 같이하여 여성들의 일상도 이와 동일한 논리로 행동해야 한다고 읊는다.

---

37) 香內信子,『与謝野晶子』, ドメス出版, 1993, 81면.
38) 위의 책, 174면.

모성보호논쟁 시기에는 히라쓰카 라이초의 국가적 모성주의에 반대하는 입장을 취했던 요사노였지만 결국 '성전聖戰'을 주창하는 국가 논리를 받아들이고 말았다. 전쟁이 진전됨에 따라 요사노는 전쟁을 찬양하는 단가를 대량으로 생산한다.

그 예를 들어보면 "강하고 부드럽게 자식을 키워 전쟁터에 보내는 일본의 어머니. 젊은이여 당신의 목숨을 아름다운 일본의 미래를 위하여 맡겨버려라. 모든 것을 불태우며 용사들이 중국의 남북을 달린다" 등이 있다.

당시의 여성으로서는 특별한 케이스로 유럽과 대륙 여행체험을 가진 요사노조차도 국가체제에 가담하도록 한 국가의 전쟁정당화 논리는 과연 무엇이었을까. 이토록 어머니가 자진해서 국가에 자식을 적극적으로 바칠 만큼 상대방 국가를 침략하는 것에 의문을 갖지 못하도록 여성들을 열광시킨 전쟁논리는 과연 무엇이었을까.

유럽 여러 국가들도 비유럽국가들을 침략하고 식민지화한 역사를 갖고 있지만 그 때 정당화한 논리가 '문명화'였다. 일본의 경우는 조선반도나 중국대륙, 즉 이미 문명화를 달성하고 있던 국가에 대한 침략이었다. 일본의 경우 내건 슬로건은 황민화, 즉 황실을 정점으로 하는 세계의 가족국가화였다. 1940년 요사노는 만년에 '동아시아를 인도하는 빛은 황실(천황)이 아닐까'라는 말을 남겼다.

요사노의 예를 보면 여성도 국가의 전쟁정당화 논리를 받아들이면서 남성들 못지않은 강력한 전쟁추진의 이데올로기스트가 될 수 있다고 피력한다.

야스쿠니 신사(靖國神社)의 배전(拜殿)

전쟁을 국가정책의 중추에 두는 국민국가는 남성뿐만 아니라 여성들도 이해시킬만한 이데올로기가 필요했던 것이다. 서구의 경우 그것이 문명화라는 남성원리적인 지배논리였던 것에 비해 근대 일본은 가족화라는 여성원리적인 융화논리를 내세웠던 것이다. 그것은 여성을 더 한층 이해시키기 쉬운 논리였다.

국가전체가 하나의 국가라고 선전하는 가족국가 이데올로기는 평상시보다 전쟁 시기에 더욱 강력하게 작동한다. 조국을 방어하기 위해 전쟁에서 죽은 병사를 추도하는 것은 근대국가의 주요 종교정책 중의 하나인데 일본도 그 정책을 이용하여 가족과 국가의 일체화를 꾀했던 것이다. 그것이 국가에 의한 전사자戰死者 위령 정책인데, 그 상징이 된 것이 바로 야스쿠니 신사靖國神社[39]였다. 야스쿠니 신사의 원류는 막말에 일어난 국사國事에 순직한 자들을 추도하는 초혼제로 거슬러 올라간다. 무라카미 시게요시村上重良에 의하면 재수없이 비참하게 죽은 자들의 영혼을 위로하는 어령신앙御靈信仰은 고대부터 존재했고 특히 전쟁 때 죽은 자를 적군과 아군의 구분없이 조문弔問하는 습관이 일본전통이었다고 한다. 그러나 막말 초혼제도의 어령신앙을 기반으로 하고 있지만 결정적인 차이가 있음을 무라카미는 다음과 같이 지적한다.

> 막말의 정쟁에서 존양파尊攘派만이 국사순난자國事殉難者로 추도되고 반대파의 죽은 자에 대해서는 돌아보지도 않았던 것처럼 내전에서 '적敵'으로 간주된 전몰자는 동경초혼사東京招魂社 진혼식의 축사에서 표현하듯이 '적賊'이었다. (…중략…) 초혼사상 야스쿠니 사상에는 천황에 적대한 자는 사후에도 영원히 '적賊'이며 그 영혼을 봉양하고 조문하는 일은 생각할 수도 없는 일이었다.[40]

무라카미는 이와 같이 초혼사상에 근거한 천황중심의 가족국가 이데올로기가 사실은 천황지배 아래에 있는 자들을 위한 것이고, 그에 적대하는 자들은 철저하게 배제하고 말살하는 배타적인 사상

39) 야스쿠니 신사靖國神社는 동경도東京都 치요타쿠千代田區에 있는 신사이다. 근대 이후 일본이 관여한 국내외의 사변事變과 전쟁에서 조정이나 일본 정부편에서 싸우다가 죽은 군인이나 군속軍屬을 표창하고 숭경하는 목적으로 이들을 제신으로 받들어 모시고 있다. 1869년 메이지천황 시절 황군의 혼령들을 위로하기 위해 국가신사로서 세워졌으며, 처음의 명칭은 초혼사招魂社였으나 1879년에 야스쿠니 신사靖國神社로 개칭하였다(역자 주).

40) 村上重良, 『慰靈と招魂』, 岩波書店, 1974, 54면.

이라고 지적한다.

1871년 메이지천황이 동경초혼사에 몸소 참배함으로써 국가제사의 색채를 분명히 했다. 그리고 1879년에 동경초혼사에서 야스쿠니 신사로 개칭하고 신민을 제신祭神으로 받드는 신사로서 최고의 사격社格인 별격관폐사別格官幣社로 승격된다.

야스쿠니 신사가 다른 신사와 다른 것은 국가를 위해 전사하는 병사가 늘어나면 늘어 날수록 제신이 증가한다는 점이다. 이와 같은 특이한 시스템에 대해 무라카미는 다음과 같이 설명한다.

> 제신을 선정하는 합사合祀 기준에는 객관적으로 막말유신의 국사순난자와 천황의 이름 아래 벌어진 내전 및 대외전쟁의 전몰자라는 기준이 있지만 형식상 천황의 의지에 의한 것이라고 하며 천황에게 제신 결정권이 맡겨졌다. 이 말은 야스쿠니 신사에 합사된다는 것은 전몰자에 대한 천황의 포상이며 은혜라는 것을 의미한다. 합사가 천황의 의지인 이상 한결 같이 충량한 '신민'인 제신들은, 생전의 신분이나 공적은 각자 다르지만 죽은 후에는 모두 동격이며 그곳에는 어떤 차별도 존재하지 않는다고 한다. 몇 만 명으로 늘어난다해도 제신은 모두 평등하며 한 사람 한 사람이 주主 제신이며 일군만민一君萬民의 신사가 야스쿠니 신사의 특징적 구조였다.[41]

천황의 충량한 신민만을 가족이라는 배타적인 가족국가 이데올로기를 체현하는 야스쿠니 신사는 천황의 의지에 의해 선정된

41) 村上重良, 앞의 책, 112면.

전몰자 한 사람 한 사람이 제신으로 평등하게 모셔진다. 만민은 모두 천황과 국가를 위해 죽음으로써 천황으로부터 포상과 은혜를 받아 비로소 국가적 신사의 제신이 될 수 있었다. 국가를 위해 전사하는 것조차 천황의 위대한 자비라며 국민의 심성을 이용한 참으로 교묘한 정책이었다.

청일전쟁과 러일전쟁이라는 대규모 전쟁에 의해 전사자의 수는 급증하고 유족들 숫자도 비례해서 늘어갔다. 유족들은 특별히 야스쿠니 신사에 초대되고 전몰자가 위령받고 표창받는 장소에 참가했다. 그들은 남편과 자식이 나라를 위해 죽은 것을 기뻐하며 가족이라는 것에 영광을 느끼도록 기획했던 것이다.

하가 쇼지羽賀祥二는 전사자의 유족에 대한 상관으로부터의 고시告示에 의한 유족 교화정책의 전형을 꿰뚫어 보았다. 하가는 국가를 위해 죽은 자 혹은 그 제사에 참가하는 영광을 갖는 유족의 태도에 감동받아 주변 사람들의 연동효과를 통해 '감동'·'감화'라는[42] 강제억압시스템이 민중의 내부에 뿌리내리는 양상에 주목하였다.

그리고 이 시스템에서 가장 중요한 것은 죽은 자의 어머니이다. 그녀들이 낳은 자식이 국가를 위해 죽는 것은 국가에 빼앗겼다고 생각하기보다 오히려 그것을 기뻐한다는 것, 자식의 명예로운 죽음이야말로 어머니의 영광이라는 등 국가가 강요하는 논리를 어머니 자신이 받아들였다는 것이다.

자식은 천황과 국가를 위해 전사함으로써 야스쿠니 신사에 안

42) 羽賀祥二,『明治維新と宗教』, 筑摩書房, 1994, 367면.

치되어 천황제 국가를 지키는 군신軍神으로 영원히 추앙받는다. 그 어머니는 죽음으로써 나라를 지키는 신으로 승화한 자식을 통해 국가의 어머니로 칭송된다. 전사에 의해 호국신이 되고 그것이 '어머니의 영광'이 된다는 이 완벽한 스토리는 모성을 국가와 동일한 것으로 만드는데 성공한 것이다.

명예로운 죽음을 선택한 병사의 어머니를 국가가 포상하는 것은 메이지 말기 국정교과서에 '어머니와 아들'이라는 코너에 이미 미담으로 소개하고 있었다.

국가에 충성을 다하고 죽음도 마다하지 않는 것이 이에의 부모님과 조상에 대한 효행과도 일치한다는 일본의 독특한 충효일체론忠孝一體論은 일본의 가족국가 이데올로기의 핵심이었다. 이를 명확하게 말해주는 것이 앞에서 지적한 1937년 5월 문부성 교학국에서 제시한 『국체의 본의國体の本義』였다. 이곳에는 이에와 양친부모에 대한 감정이라는 사적 감정을 천황제 국가의 충과 연결시키며 철저히 국가 쪽으로 끌어가는 국가의지가 여실히 드러나고 있다.

> 우리 나라의 효는 인륜관계를 더욱 고양시켜주며 국체와 합치하는 것에 큰 특색이 있다. 우리 나라는 일대 가족국가로서 황실은 신민의 종가이며 국가생활의 중심에 놓여 있다. 신민은 조상에 대해 존경의 마음을 가지듯이 종가인 천황의 황실을 존경하며, 천황은 신민을 자식처럼 사랑한다. '사私'와 '공公'은 대가大家를 의미한다. 또한 '국가'는 바로 '나'이다.[43]

---

43) 文部省教學局, 「國体の本義」, 『昭和思想集』 II(近代日本思想体系), 筑摩書房, 1974, 85면.

위의 글은 국가와 이에의 일체관계를 강조하고 공사이원론公私二元論을 교묘하게 일원화해가는 것이 목적이었음이 극명하게 드러난다.

> 중국은 효를 중요시하여 효는 백행의 근본이라고 보았다. 또한 인도에서도 부모의 은혜를 중시하지만 그 효는 국가에 연결되는 것이 아니며 국가의 기본이라고 인정하지 않는다. 효는 동양미덕의 특색이기는 하지만 그것이 나아가서 충과 하나가 되는 것은 우리 나라 도덕의 특색이며 세계 어느 곳에서 찾아볼 수 없다.[44]

여기서 국가에 대한 충忠만이 부모에 대한 효孝보다 선행되어야 한다는 거의 협박적인 담론에 주목할 필요가 있다. 그리고 『국체의 본의』에서는 사쿠마 아즈마오佐久間東雄의 '내가 낳고 기른 내 젖은 존귀하다'라는 노래를 인용하여 여성의 출산이라는 '종계승 능력'은 국가에 헌신하는 것이라고 주장한다.

> 노기乃木 장군의 부인이 아들 둘 마저도 나라를 위해 바쳐 가문의 명예를 높인 것은 한 이에와 국가의 일체, 충과 효의 일체의 표현이었다. 이러한 충효일체화의 길을 신민이 따라가는 것은 천황의 인자함과 만나게 되어 임금과 신하가 일체가 되는 것이며 우리 나라의 무한한 발전의 근본적 힘이 된다.[45]

44) 위의 글, 같은 면.
45) 위의 글, 같은 면.

위의 글에서 교언영색巧言令色 속에 숨은 본래의 목적이 현저하게 드러나 있다. 국가를 위해 죽는 것이야말로 한 집안의 명예가 된다고 추대하며 민중에게 죽음을 강요하고 있는 것이다. 1941년 7월에 문부성 교학국이 내놓은 '신민의 길'은 이를 더욱더 선명하게 드러낸다.

> 우리 조상들 대부분은 이름도 없는 민중이었지만 밤낮으로 황국 부강富强에 노력하고 그 번영을 위해 충량한 신민으로 생애를 바쳤다. 이름도 없는 민중이지만 기쁜 마음으로 황국을 위해 진력한다는 마음 없이는 신명을 다해 봉공奉公할 수 없는 것이다. 우리 황국신민은 오늘날의 비상사태에 훌륭한 백성으로 봉공의 각오를 새롭게 다지고 영광스러운 조상의 유풍을 계승하고 이를 기려야한다.[46]

천황제 국가 일본의 전쟁추진 이데올로기는 국권의 신장과 패권주의를 전면에 내세운 남성원리적인 것이 아니었다. 오히려 가족국가주의에 근거한 자애와 화합의 정신원리 보급을 제시하고 있어 여성들도 수용하기 쉬웠던 것이다. '이름도 없는 민중의 봉공'을 강조함으로써 평상시에는 국가의 신민으로서의 역할에서 소외되었던 여성들은 훌륭한 신민이 될 수 있다는 것을 제시하는 것으로 새롭게 태어난 것이다.

비상시인 전시기에는 국가가 요구하는 여성의 역할이 노골적인 형태로 나타난다. 말할 것도 없이 그것은 바로 모성인 것이다.

46) 文部省教學局, 「臣民の道」, 앞의 책, 175~728면.

가족국가 이데올로기 아래 성전을 감행한 일본은 여성에게 '어머니'라는 의미를 강조하고, 그것이 전쟁수행의 기반이라고 부르짖었다. 당시 여성들을 위해 발간된 잡지에는 전사자와 그 어머니를 칭찬하는 캠페인이 전개되기도 하였다. 그 전형적인 기사의 예를들어 보기로 하자.

> '어머니의 힘은 정말로 위대하다'는 말이 있다. 이 말을 가장 잘 증명하는 때가 전시기이다. 일본의 병사가 강한 것은 총후의 어머니가 있기 때문이다. 평상시에는 부드럽고 눈물이 많다고 생각했지만 자식을 군대에 보낼 때 문 앞에서 보이는 태도는 표현할 수 없을 만큼 존엄함과 절대적인 사랑이 잠재하고 있다. '뒷일은 걱정하지 말고 나라를 위해 훌륭한 일을 해라'라고 대부분의 어머니는 모두 이렇게 말하며 자식을 격려한다. 대의를 위해 욕심을 버리는 어머니의 각오는 비장함보다는 신령스럽기까지 한 병사는 전쟁터에서 부상을 입고 야전병원에 수용되면 '어머니'를 부르는 일이 많다. 또한 천황폐하만세를 부르며 쓰러진 병사가 의식을 되찾으면 반드시 먼 고향으로 달려가 어머니의 품에 고개를 묻는 상상을 한다.[47]

전사자의 최후의 말이 '천황폐하만세' 뿐만 아니라 '어머니'였다는 것을 예로 들고 있는데 이는 전후의 해석으로 병사들이 실제 천황폐하보다는 어머니를 위해 죽는다는 것을 논리적 근거로 삼은 것이다. 그렇지만 당시의 의식으로는 천황폐하 아니면 어머

47) 「三遠國防婦人」(1938年7月号), 『日本女性運動資料集成』 第10巻, 不二出版, 1995, 340면.

니라는 어느 한 쪽의 선택이라기보다는 천황폐하와 어머니를 하나로 받아들이고 있었다고 보는 것이 타당할 것이다. 천황과 일체화하여 성전 추진자가 되기 위해 사랑스러운 자식을 전쟁터로 내보내는 것이 자기희생적 신민의 환상이었으며 여성들은 그런 식으로 전쟁의 일익을 담당했던 것이다.

천황이 아마테라스 오미카미의 직계자손이라는 것은 반대로 국가의 모성원리 상징인 아마테라스 오미카미와 일체화할 수 있었다. 여성들을 위한 교본을 보면 아마테라스 오미카미를 마치 여성들의 삶의 모범으로 장려하고 있음을 엿볼 수 있다.

> 일본 국민 모두가 나를 비우고 남을 위해 봉사하고 타국과 타민족을 위해 희생도 마다않고 공헌하고 헌신하는 것으로 기쁨을 맛보고 만족을 느끼는 것은 위에서 말한 것처럼 아마테라스 오미카미, 즉 일신日神의 감화라고 생각한다. 특히 여신으로 일본 여성에게 부여한 감화는 심대한 것이라고 보지 않을 수 없다. (…중략…) 이처럼 황조 정신은 아니 황국일본정신이야말로 국내적 활동의 원천일 뿐만 아니라 세계를 밝히는 불멸의 등불 혹은 세계의 광원으로서 세계 제일의 도의적 존재가 된다. 이것이 일본 여성이라는 것을 생각하지 않으면 안 된다. 보아라 일본 여성의 지위를[48]

일본 여성은 일본국가의 메타파, 즉 국가적 모성원리의 상징으로서 아마테라스 오미카미와 동일한 신성성을 갖는다는 의식이

48) 中野八十八, 『尊い日本の女性』, 清水書房, 1943, 100면.

자신들 눈에도 이미 보이게 되었다. 이러한 아마테라스 오미카미와의 동일화를 믿었기 때문에 일본 여성들은 자청해서 성전이데올로기의 수행자가 되었고 나아가서 타국에 침략과 식민지화에 적극적으로 동참하였다.

요사노 아키코·다카무레 이쓰에·히라쓰카 라이초를 비롯한 대표적인 여성 지식인들은 국가 전쟁의 여신女神으로서 순종을 서약하고 그것을 일반여성들에게 설파하였다. 여성 자신들이 스스로 적극적인 국가 전쟁 이데올로기스트가 되고 그럼으로써 여성들도 훌륭한 신민이 될 수 있다는 것을 제시하려고 했던 것이다. 당시 대부분의 여성들이 이러한 논리를 열광적으로 지지했다는 것은 근대 일본의 가족국가 이데올로기와 국가적 모성이데올로기가 근대국가의 여성을 끌어들이기 위한 전략으로서의 사상정책이라는 것은 세계 유례없이 성공한 예임을 시사하고 있다.

5. 일본주의와 젠더

아마테라스 오미카미가 여성의 전쟁관여 정당화를 위한 상징이었다고 한다면 남성들에 대해서는 도대체 어떠한 전쟁긍정 논리가 있었던 것일까. 전쟁긍정 논리로써 히틀러의 『나의 투쟁』과 같은 남성원리적인 전쟁론을 떠올릴 수 있겠지만 아마테라스 오미카미와 그 직계에 의한 천황제 국가인 일본에서는 그러한 정복적 야심논리는 제시하지 않았다.

아마테라스 오미카미와 천황의 자비에 의해 벌어진 성전은 일본 독자적인 철학에 의해 정당화하지 않으면 안 되었다. 그것은 곧 남성원리적인 서구의 전쟁철학에 대항하는 여성원리적인 일본의 생명주의적 철학과 그 사상적 의의를 갖는다.

일본에 서구 철학사상이 본격적으로 도입된 것은 메이지 이후이다. 니시 아마네西周가 필로소피philosophy를 '철학'이라고 번역한 것을 계기로 '철학'은 동양적인 '도의 사상'과는 전혀 다른 서구적인 '이성사상'을 의미하게 되었다. 아마네는 『백일신론百一新論』에서 다음과 같이 서술한다.

> 전체를 개별적인 것에서 진리를 찾고 천도天道와 인도人道를 논하고 교리의 방법을 세우는 것을 필로소피라고 하는데, 번역해서 철학이라고 명명하며 서양에서도 옛날부터 논쟁이 있었다.[49]

조가경은 니시 아마네가 유학에 고집하지 않고 신지식을 흡수하려고 한 당시의 계몽지식인 중에서도 특히 의욕적이라고 보았다.[50] 일본 근대 지식인들은 화혼양재和魂洋才[51]가 유행했음에도 불구하고 서구 근대화의 원동력인 철학사상을 열심히 배웠다. 밀 · 스펜서 ·

---

49) 西周, 「百一新論」, 『西周全集』 第1卷, 宗高書房, 1960, 289면.
50) 現象學者曺街京博士の大阪大學での講演(1997年2月22日) 참조.
51) 일본 고래의 정신세계를 남기면서 서양의 기술을 받아들여 양자를 조화시킨다는 의미로 화혼양재和魂洋才라는 말을 만들었다. 이 말에 대항하여 서양의 기술을 받아들이기 위해서는 서양의 사고를 기초로 하지 않으면 안 된다고 하여 양혼양재洋魂洋才라는 말도 생겨났다(역자 주).

루소 · 칸트 · 헤겔 등의 철학이 차례차례 번역되었고 마침내 그것들을 일본 근대화에 활용했다.

그렇지만 서구 철학의 근본은 크리스트교이고 그것에 근거를 둔 남성원리적 로고스가 서구 철학의 기반이라는 것이 밝혀지면서 철학자들은 천황제를 기반으로 하는 일본 독자적 철학사상의 형성이야말로 자신들에게 부과된 사명이라는 것을 자각하기 시작했다. 이미 메이지 후기부터 이론적 위력을 선명히 했던 사회주의 · 마르크스주의 등의 반체제사상과의 대결이라는 실천과제가 있었던 것은 부정할 수 없다. 그런 의미에서 일본 철학은 초기부터 천황제와 일체화할 불행한 운명을 갖고 있었다.

천황제논리는 이미 지적한 바와 같이 원래 국가의 심층부에 숨겨진 비합리적인 심정논리로서 남성원리적 로고스와는 서로 융합할 수 없는 것이었다. 그렇지만 이와 같은 심정논리를 전면에 내걸고 서구적 로고스철학을 뛰어넘는 일본주의 철학을 형성하는 것이 근대 일본 철학자들 특히 국립대학 철학자들의 사명이었다. 그들은 서구적 로고스 원리와 대항한다는 원리를 일본의 전통사상에서 찾았다. 국립대학인 동경대학과 교토대학의 철학자들은 서구적 로고스 원리와 일본주의적 심정 논리 융합에 악전고투했다.

이노우에 엔료井上円了의 불교사상을 매개로 한 시도라든가 이노우에 데쓰지로井上哲次郎의 '현상즉실재론'에 의한 동서철학의 종합을 기획하지만 아직 외면적 절충에 머무르는 절충론에 그치고 말았다. 그렇지만 독창적인 형태로 내적융합에 성공한 것은 바로 니시다 기타로西田幾多郎이다. 니시다사상의 독창성은 참선參禪체험에 근거한 것이라고 보는데 그것은 당시 니시다가 고민하고 있었던 이에제도의 알력이나 직업적인 문제를 해결하기 위해 참선을 행하였기 때문이다. 그는 일기에 다음과 같이 적고 있다.

> 나는 psychologist, sociologist가 아니라 life연구자이다. 선禪은 음악이고 미술이며 운동이다. 걷고 앉고 눕고 손을 움직이고 목소리를 내는 것과 같다. 만약 어린아이처럼 청순하고 순수하게 될 수 있다면 천하에 이보다 편안할 수는 없을 것이다.[52)]

니시다는 1911년 근대 일본을 뒤흔든 『선의 연구善の研究』를 간행한다. 그는 이 저서에서 서구적 자타분화의 논리에 대해 '순수경험'이라는 일본적 자타분화 논리를 전개한다.

> 어떠한 의식에 있어서도 그것이 엄밀한 통일 상태에 있을 때는 순수경험 상태이다. 즉 단순한 사실이다. 그에 반해 이 통일이 깨졌을 때, 즉 타他와의 관계 속으로 들어가 의미라든가 판단이라는 상태가 생겨난다. 우리들에게 직접적으로 와 닿는 순수경험에 대해 바로 과거의 의식이 작동하기 때문에 현재의식의 일부와 결합하기도 하고 충돌하기도 한다. 이때 순수경험 상태를 분석하여 파괴하게 된다. 의미라든가 판단이라는 것은 이러한 통일되지 아니한 상태이다. 그러나 통일 불안정이라는 것도 잘 생각해보면 필시 정도의 차인 것이다. 완전한 통일된 의식도 없을뿐더러 완전히 통일되지 않는 의식도 없는 것이다. 모든 의식은 체계적 발전이다.[53)]

52) 西田幾多郎, 「日記」, 『西田幾多郎全集』 17卷, 岩波書店, 1951, 148면.
53) 西田幾多郎, 「善の研究」, 『西田幾多郎全集』 1卷, 岩波書店, 1947, 16면.

니시다는 서구적 주객이원론主客二元論을 바탕으로 주객이 미분화된 생의 직관으로서 순수경험이 있다고 주장하였다. 그리고 이 순수경험을 체험하는 것 자체가 일본사상의 기본이라고 주장했다. 니시다는 자타미분화自他未分化와 주객미분主客未分의 현실 상태는 타자애他者愛에 의해 실현된다[54]고 보았다.

니시다로 대표되는 교토학파京都學派도 근대 일본의 국가형성을 위한 철학이기는 하지만 그것은 이노우에 데쓰지로처럼 강권적인 국가주의를 전면에 내세우고 있지는 않았다. 그리고 서구적 자유주의를 출발점으로 하면서 외부의 강권에 의한 지배가 아니라 내부의 생명 자각에 근거하여 자발적으로 전체에 동일화해가는 과정을 중시한다. 게다가 그는 자각에 입각한 '순수경험'이라는 것은 개별적 자신의 근저에 있는 모자일체화와 군신일체화의 세계인 천황제에 대한 일체감이라고 주장하였다.

근대 일본 철학의 근저에 있는 천황제라는 전제는 일본 철학사상을 반反로고스적·반反남성원리적인 것으로 만들고 젠더적 관점에서 여성원리적 색채를 강하게 만들었다. 교토학파의 경우 순수경험·장소 논리·종의 논리·절대모순의 자기 동일화·절대 무無 등과 같은 철학용어로서 이러한 색채의 은폐가 기획되었다. 그러나 그 근저에 깔려 있는 것은 전시체제가 강화되면서 전면에 나타나지 않을 수 없게 되었다. 니시다는 그의 천황존경을 피력하고 마침내 니시다의 철학사상과 일체화한다.

---

54) 위의 글, 161면.

일본정신의 진수는 사事와 물物이 일치하지 않으면 안 됩니다. 원래 인간도 알지 못했던 상태 그곳이 하나가 되는 곳입니다. 그것이 모순적 동일로서 황실중심이라는 것입니다. 물은 모든 것이 공적인 것이며 사는 모두가 공적인 사입니다. 세계로서의 황실의 물이며 사입니다.[55]

교토학파[56]의 전쟁협력에 대한 비판은 교토학파에 대한 재평가와도 맞물려서 최근에 눈에 띄게 나타난다. 그렇지만 교토학파의 전쟁책임 문제는 물론 밝혀지지 않으면 안 되지만 그뿐만 아니라 당시의 주류였던 초국가주의 철학의 전쟁긍정 논리를 해명하는 것이 오히려 중요하지 않을까 생각한다. 왜냐하면 사상적 국면에서 젠더의 이용이 노골적으로 나타나고 있기 때문이다. 국민정신문화연구소에 소속된 철학자 기히라 다다요시紀平正美는 문부성의 '국체의 본의'나 '신민의 길'의 이론적 지주 역할을 하였다. 원래 헤겔학자였던 기히라는 전쟁수긍 자세를 선명하게 드러냈고 국가신도를 철학적 기반에 두는 '황군'철학을 주창했다.

기히라는 유럽철학이 '존재한다'로 대표되는 개인주의 철학에 대해 일본사상은 『고사기』의 첫머리 묘사에서도 알 수 있듯이

55) 西田幾多郎, 「日本文化の問題」, 『西田幾多郎全集』 12巻, 岩波書店, 1953, 346면.

56) 중요 멤버로는 니시다 기타로西田幾多郎 · 다나베 하지메田辺元 · 니시타니 게지西谷啓治 · 히사마쓰 신이치久松眞一 · 다케우치 요시노리武內義範 · 우에다 시즈테루上田閑照를 들 수 있다. 일반적으로 서양철학과 동양사상의 융합을 목표로 한 니시다의 저서 『선의 연구善の研究』 입장에서 동양이면서 서구화西歐化를 달성한 일본이 단순하게 서양철학을 받아들이는 것이 아니라 그것을 어떻게 내면적으로 접합시킬 수 있는가를 모색했다. 그렇지만 동양의 재평가라는 입장과 독자적 아이덴티티를 모색하던 철학사상이 점차 '동양이 중심이 되어야 한다'는 대동아사상과 근접하는 방향으로 흘렀다(역자 주).

'성립한다'의 자연적 변증법[57] 나라라고 설명한다. 그는 또한 '성립한다'는 것은 '낳는다' 혹은 '연결된다'와도 관련이 있으며 그 영력靈力은 천황에 속하는 것이며 '성신도의 길'의 본질이라고 기술한다. 다시 말하면 일본주의의 원점은 '성립한다'·'낳는다'를 가능하게 하는 여성적 원리에 있다고 한다. 그는 좌익전향자의 직접적인 동기가 어머니의 힘에 있다는 경험을 살려 남성원리적 좌익사상에 승리할 수 있는 '어머니의 논리'를 다음과 같이 주장해 보였다.

> 임신의 고통에서 헤매는 아내와 천박한 말을 내뱉는 노인은 추악함의 대표이다. 그렇지만 전자에게는 '나'와 '당신'을 결합하게 해주고 마침내는 '그'까지도 화합하게 하는 덕이 있다. 후자는 상하를 관통하는 역사성의 편린이 있다고 보며 그 추악성은 마침내 미선화美善化되어 진리로 나타나고 보편성과 필연성이 이 안에서 구현된다. (…중략…) '어머니의 나라'라는 것은 우리 일본에게 있어서 아마테라스가 제시한 우리 일본국이 아닐 수 없다.[58]

서구열강을 상대로 세계전쟁을 치르면서 서구의 남성원리에 대항하는 '여성원리' 는 일본의 성전 의의가 문부성 중추에 있었던 남성 철학자에 의해 주창되었다. 일본의 군사적 열악함을 뒤엎을 만한 것은 '여성'의 저력밖에 없었던 것이다. 이와 같이 '여성'원리를 찬양하는 기히라를 비롯한 신도철학자의 의도는 과연

57) 紀平正美, 『燃え騰る日本』, 明世堂書店, 1944, 194면.
58) 위의 책, 94면.

무엇일까.

그들에게 여성숭배 사상이 있었다고는 도저히 말할 수 없다. 그들의 의도는 오로지 한 가지 '여성의 나라'를 강조함으로써 총후의 여성을 격려하고 한층 더 멸사봉공을 요구하고자 한 것이었다. 그리고 병사들에게 어떠한 악덕을 저질러도 모든 것을 용서하는 존재를 제시함으로써 그들의 폭력행위를 긍정하는 논리를 제공한 것이다. 아마테라스 오미카미의 존재 모습인 자비는 스사노오노 미코토의 만행을 결국 받아들이고 그를 진정시켜 빛을 부활시키는 곳에 있다는 논리이다.

평상시에는 은폐되어 있지만 전쟁에 돌입하면서 모든 것을 드러낸 일본주의 철학 전쟁논리는 여성원리에 근거한 것이었다. 그것은 근대국가가 여성에게 배당한 젠더원리가 기형적으로 변형된 형태로 사상화된 것이다. 남성들은 이러한 비합리적・정서적・타자 배타적 여성원리를 감추고 있었다. 그리고 이성적으로 보면 승리할 수 없는 전쟁인데도 아니 추악 그 자체인 침략전쟁에 용서받을 수 없는 비인간적 범죄에 몸을 맡기고 이성과 양심을 지워버렸다.

여성원리 명목 아래에서 자행된 생명의 말살, 아마테라스 오미카미의 자비 아래에서 자행된 생활의 파탄, '여성의 나라'에 의한 포격의 범람은 인류의 역사에 있어서도 가장 소름끼치는 도착倒錯적 사상을 낳고 말았다. 이제까지 여성이라는 젠더에 대한 모독은 없었다. 그렇지만 이 모독의 의미를 인식하지 못하고 전쟁에 가담했던 것이 일본의 여성들이었다. 그러나 더욱 중요한 것은 전후인 지금도 자각하지 못하고 있다는 것이다.

6. 콜로니얼리즘과 젠더

근대 일본의 총결산이었다고도 말할 수 있는 쇼와昭和 전쟁은 단순한 조국방어 전쟁이 아니라 아시아에 대한 침략전쟁이었다. 그렇기 때문에 일본은 여성을 위한 성전이데올로기로써 조국을 지킨다는 명목뿐만 아니라 아시아에 침략을 정당화하기 위한 담론이 필요했다. 또한 이 침략전쟁은 자국의 전투요원뿐만 아니라 타국의 전투원 그리고 비전투원인 여성과 어린이들까지도 희생양으로 내몰았던 것이다. 그러한 수많은 생명이 희생됨에도 불구하고 여성들이 아시아 침략을 지지한 이유는 도대체 어디에 있었을까. 그녀들이 전쟁을 정당화한 근거는 무엇이었는지 묻지 않을 수 없다.

히라쓰카는 모성의 국가적 의의를 강조하며 모성주의 페미니즘의 강력한 추진자였지만, 전쟁 중에 말을 아꼈던 그녀도 아시아침략에 대해 1939년 다음과 같이 발언하고 있다.

> 총후부인의 활동분야를 무한대로 넓히지 않으면 안 된다고 생각합니다만 그 중심은 국민들의 심적, 체력이라는 양 방면의 향상인데 그 정의는 광의의 모자보호운동에 중점을 두어야 한다고 생각합니다. 오늘날 현역 어머니 대부분은 다이쇼시대 때 교육을 받고 성인이 된 부인들이기 때문에 그녀들의 책임은 아닙니다만 그 시대의 사상과 교육의 결과를 보면 일본의 실정을 너무도 모릅니다. 따라서 일본인으로서의 자각도 시국에 대한 인식도 확실치가 않습니다. 이는 아시아에 대한 중대한 사명

> 을 담당하는 일본국민을 교육하는 어머니로서의 자격이 결여된 것입니다. 보육학·위생·간호학·아동심리·영양학·요리법과 함께 일본을 배워 황도皇道를 알고 또한 중국대륙을 비롯한 아시아 일반을 가르치는 어머니의 재교육 기관을 만드는 것은 현하의 급선무가 아닐까요.[59)]

위와 같은 발언에서 보면 당시 히라쓰카가 일본 대 중국전쟁을 아시아침략으로 인식하고 있지 않았다는 것이 분명하다. 그러나 '아시아에 대한 중대 사명'이라는 말에서도 알 수 있듯이 일본이 아시아에 대해 지도적 위치를 가진다는 강한 사명감을 가지고 있었다고 말할 수 있다. 그리고 이러한 타국에 대해 강한 사명감을 갖는다는 것 자체가 식민지주의가 아닐 수 없다. 이러한 식민지주의가 특별하다고 의식하지 못 할 정도로 당시 여성들 마음속에 각인되어 있었음을 알 수 있다.

선진국가인 일본이 미개한 아시아를 지도하는 것은 당연한 사명이라고 인식하는 식민지주의는 1910년 한일합방 이후 여성들의 의식 속에 내재화되어 갔다. 오쿠무라 이호코奧村五百子를 비롯해서 조선반도 식민지화 정책에 적극적으로 가담한 여성들은 적지 않다. 임전혜任展慧는 조선의 식민지화 황민화정책을 추진한 대표집단으로 1933년에 결성된 녹기연맹綠旗聯盟을 들고 있으며 그 회장인 쓰다 사카에津田榮의 어머니나 그의 부인은 조선여성의 황민화교육에 열성적이었다고 말한다.[60)]

59) 平塚らいてう, 「母の現役に望む數々」, 『日本女性運動資料集成』(鈴木裕子 編) 第10卷, 不二出版, 1995, 612면.

60) 任展慧, 「朝鮮統治と日本の女たち」, 『ドキュメント女の百年5 : 女と權力』

국가의 식민지화 정책 추진자로서 여성이 눈에 띄게 많아진 것은 1930년대 만주건국 전후였다. 스즈키 유코鈴木裕子에 의하면 1931년 만주사변을 계기로 국내외에 총후·국책여성단체가 잇달아 탄생했다[61]고 한다. 사변이 일어났던 당시 만주를 여행했던 요사노 아키코도 이를 계기로 식민지주의를 선명하게 드러냈다. 고우치香內에 의하면 요사노는 만몽滿蒙에 일본인 이주를 적극적으로 제안하기조차 했다고 한다.

> 제가 생각하기에는 한 사람의 국민 입장 혹은 중국인의 행복도 도와줄 수 있는 이웃나라 사람의 입장에서 일본농민 중 노동정신이 견실한 청년남녀를 산동山東의 중국농민이나 조선의 농민이 근래 백만 이백만이 만몽지방에 이주할 수 있는 방법을 강구해 주시길 바랄 뿐입니다.[62]

인구밀도가 높은 일본에 비하면 요사노가 여행한 만몽은 인가도 드문 황량한 곳이었다. 그곳은 소유주가 없는 땅이 아니라 만주인들이 소유한 토지였다. 그러나 그곳을 방문한 일본인들에게는 일본인이 경작할 수 있는 미개의 토지로 보였던 것이다. 그 때부터 일본은 일방적인 입장에서 '선의'의 식민지 경영을 시작하게 된다.

국가 젠더이데올로기와 식민지주의가 하나로 연결되면서 만들어 낸 것이 근대식민지국가 일본의 국책으로서의 '대륙신부'였다.

(もろさわようこ 編), 平凡社, 1978 참조.

61) 鈴木裕子, 『日本女性運動資料集成』 第10巻, 不二出版, 1995, 26~27면.

62) 香內信子, 앞의 책, 141면.

'왕도락토王道樂土'[63] · '오족협화五族協和'라는 슬로건 아래 만주 이민사업이 국가주도로 추진되었다. 빈농 지역의 젊은이들은 개척단이나 의용군에 참가하여 대륙을 건넜고, 그들의 결혼 상대 여성들도 국가가 적극적으로 나서서 모집했다. 젊은 여성들에게 국가의 식민지정책의 일익을 맡긴 '대륙신부'정책 실태에 대해 진노 모리마사陳野守正는 다음과 같이 논한다.

> 이민의 성공은 '괭이와 냄비'에 달렸다고 말한다. 괭이는 농업경영의 의미이며 냄비는 가정을 의미한다. 어느 쪽도 여성을 빼놓고서는 성립할 수 없다. 남성들은 가정을 가짐으로서 평안함을 얻어 활력을 충전하고 영농에 희망을 품고 대지 경영에 경주할 수가 있다. 이주 농촌의 장래는 신부가 어떤 여성인가에 달려있다고 해도 과언이 아니다. 대륙신부에게는 다음과 같은 임무도 있었다. 북만주의 국경수비대장은 대일본연합여성청년단이 파견한 여성지도자 시찰단 일행에게 '만주의 군부대는 전쟁을 통해 토지를 넓혀간다. 그 뒤는 개척민이 뿌리를 내려야 한다. 일본민족이 뿌리를 내리기 위해서는 여성의 힘이 크게 작용한다. 그러한 여성이 필요하다'라고 설명했다. 개척단은 관동군의 국방력과 치

---

63) 왕도락토王道樂土는 1932년 건국된 만주국滿州國의 국가이념이다. 아시아적 이상국가 즉 낙토樂土를 건설한다는 의미가 포함되어 있다. '오족협화'는 만·몽·한·일·조滿蒙漢日朝의 오족이 협력하여 평화로운 국가를 만든다는 이론이었지만 현실적으로 일본이 중심이 되어 지배했다. 만주는 중국으로부터 탈피해온 한족·조선인·일본정부의 정책에 의해 이주한 만몽개척단滿蒙開拓団 등이 연이어 이주하는 등 인구도 급증했다. 일본국내의 농촌불황과 농민봉기 등으로 '대륙낭인大陸浪人', 혹은 마적단 등도 존재했다. 또한 만주를 왕도락토, 유토피아로 선전하는 영화나 노래도 제작되었다. 예를 들면 〈개척단의 아이들開拓団の子供〉·〈영춘화迎春花〉(이향란李香蘭)·〈신일본의 소녀들이여 대륙신부가 되어라新日本の少女よ大陸へ嫁げ〉 등이 있다(역자 주).

안유지에도 협력하면서 관동군의 병참兵站 역할도 병행했다. 따라서 신부들에게 의식적이든 무의식적이든 이러한 역할이 부과되었다.[64]

전쟁이 일어나면 여성은 총후를 지키는 역할을 담당하지만 식민지화 사업이 본격화되면 여성은 가사능력・출산능력・위안적 역할 등 여성적 능력을 최대한 발휘하여 남성개척민에게 뒤지지 않고 과감하게 일할 것이 요구된다. 어떤 여성들은 국가에 도움이 되길 바라며 어떤 여성은 대지의 수확물의 결실을 꿈꾸기도 하며, 어떤 여성은 지역 유지의 강력한 추천에 의해 대륙을 건너 한 번 만난 남자와 결혼하여 가정을 꾸리며 여성역할에 힘쓴다. 결국 그녀들은 국가로부터 젠더역할뿐만 아니라 식민주의자로서의 역할도 요구당한다.

이를 위한 교육기관으로써 개척 여성 학원이 만들어졌다. 스기야마 하루杉山春에 의하면 당시 척무성拓務省[65]은 여성척식拓殖 사업의 목적을 다음과 같이 명문화했다고 기술한다.

1. 개척정책사업의 일익으로써
   (1) 민족자원의 확보를 위해 우선 개척민의 정착성을 증강한다.
   (2) 민족자원의 양적확보와 함께 야마토大和민족의 순형純型을 보존한다.

64) 陳野守正, 『大陸の花嫁』, 梨の木舍, 1992, 13면.

65) 척무성은 1929년부터 1942년에 사이에 설치된 정부 행정기관인 성省의 하나로 척무대신拓務大臣이 책임자였다. 일본의 식민지 즉 외지外地를 통치하는 사무와 감독 그리고 남만주철도, 동양척식주식회사 사무와 감독 및 해외이민 사업를 담당했다.

(3) 일본부인의 도리道理를 대륙에 이식하여 만주신문화를 창건한다.

(4) 민족협화의 달성을 위해 여성의 협력을 필요로 하는 부분이 많다는 것.

2. 농촌협동체의 여성으로서

(1) 의식주문제를 해결하여 개척지 가정문화를 창건한다.

3. 개척농가의 주부로서

(1) 개척농민의 충실한 내조자가 된다.

(2) 개척가정의 좋은 위안여성이 된다.

(3) 제2세의 좋은 보육자保育者가 된다.[66]

이러한 목적 요항을 보면 대륙신부 여성들은 단순한 남성개척민의 보조적 역할을 담당할 뿐만 아니라 일상적인 수준에서의 일본문화이식이라는 적극적인 역할을 수행하기를 강요당했다. 그리고 여성들도 개척이데올로기의 충실한 신봉자가 되어 국가에 헌신할 것을 서약하였다. 그런 의미에서 그녀들이 단순한 희생자 차원을 넘어 식민주의자적 측면을 가지고 있었음을 놓쳐서는 안 된다.

일본이 침략전쟁을 추진하고 점령지를 확대해 감에 따라 점령지지배를 위한 일본 여성의 해외진출이 요청되었다. '흥아興亞의 여성'이라는 표어가 범람하고 대동아공영권 건설에 여성의 적극적 협력을 요구하는 목소리가 높아졌다. 이전까지 은폐되었던 여

66) 杉山春,『滿州女塾』, 新潮社, 1996, 62면.

성의 국가적 역할이 대대적으로 선전되고 일본 여성은 세계에도 유례없는 자격을 가졌다며 찬양되었다. 이를 위해 이용한 것이 바로 일본신화의 여신상이다. 물론 필두는 아마테라스 오미카미이며, 그 이외에도 도요우케 비메카미豊宇氣毘賣神・아마노우즈메노미코토天宇需賣命・고노하나노 사쿠야비메木花開耶姫 등을 거론한다.

전시 하에 국가가 여성의 힘을 이용하는 것은 어느 나라든지 마찬가지로 일어나는 현상이지만 일본은 좀 특별나다. 남존여비와 여성멸시는 유교나 불교의 외래사상의 소산이라고 단정하고 신도적 측면에서의 여성신들의 활약을 찬양하며 여성존중의 전통을 부르짖었다. 예를 들면 나카노 양하치中野八十八는 아마노우즈메노 미코토가 천손강림을 할 때 사루타 히코노카미猿田彦神에게 승리한 것을 예로 들며 이민족에 대한 일본 여성의 융화적 공헌을 제시한다.

> 금후 일본 여성은 구체제 하의 여성과는 다른 커다란 기력인 팔굉일우적 정신을 발휘할 것을 예상하고 있습니다. 예를 들면 종래 여성들의 사고는 활동 혹은 직장을 하나의 촌락이라든지 일부지역 혹은 국내 근거리라는 식의 매우 좁은 범위로 한정하고 있었습니다만 국가적으로 각성한 여성들은 국내문제 뿐만 아니라 일본・만주・중국・남방지역・대동아의 온갖 지역에 진출할 수 있다는 마음이 현재 여성들에게 넘쳐나고 있습니다. 고대 일본 여성은 민족의 융화에 커다란 공헌을 했었다고 생각합니다. 따라서 팔굉에 빛나는 개척사업을 남북으로 확장하는 지금, 개척과 동시에 남성과 여성의 민족의 융합과 흥아의 대업에 맹진하는 일이 얼마나 의의 깊은 것인지를 말할 수 있지 않을까.[67]

신공황후(神功皇后)의 조선정벌

나카노에 따르면 아마노우즈메노 미코토는 최초의 실천적 콜로니얼리스트였다고 한다. 신공황후神功皇后는 또한 '삼한정벌' 신화담론에 기초를 두어 여성 콜로니얼리스트의 정신적기반이 되었다. 국가신도의 여성표상에 휘말려 일본의 독자적인 페미니즘을 도출한 다카무레 이쓰에도 이러한 콜로니얼한 여성신의 찬양 캠페인에 적극적으로 참여했다. 이로써 여성들을 위한 선의에 가득찬 식민지화 침략전쟁 즉 가담 정당화 담론이 전부 갖추어졌던 것이다.

일본 여성이 식민지화정책에 가담하고 식민지사상을 내면화해 가는 한편 식민지나 침략지의 여성들은 가혹한 운명이 기다리고 있었다. 일본 여성이 개척민의 신부로 진출함에 따라 그 반대의 식민지나 침략지의 여성들은 전쟁터의 일본군 병사의 성적위안을 제공하는 '종군위안부'가 되기를 강요받았던 것이다.

67) 中野八十八, 앞의 책, 26면.

근대 일본이 형성한 젠더이데올로기는 일본 여성의 역할을 주로 생식적인 측면의 성性에 두었고 식민지의 여성들에게 남성군인들을 위한 성 역할을 강요하였다. 야마시타 영애山下英愛는 근대 일본에 채용된 '생식용 여성=주부'와 '쾌락용 여성=창부'라는 이분법이 식민지화정책에 도입되었다고 보고 다음과 같이 지적한다.

> 일본의 근대화정책 속에는 여성의 이상형으로서 현모양처와 성을 파고 사는 창기娼妓라는 이중구조가 여성지배 구조였다. 일본은 이러한 이분二分 구조로 제국주의적 침략의 길을 걸으면서 그 본질을 한층 더 드러낸 형태로 여성들에게 강요했다. '군국軍國의 어머니' '군국의 아내'나 '위안부'가 그것이다. 이들은 전부 여성의 성이 지배체제의 도구였다는 것을 말해준다. 그 중에서도 가장 성을 유린한 것은 위안부였다. 일본이 위안부 역할을 식민지조선을 비롯한 피지배민족의 여성들에게 강요하였다. 이는 성 지배가 민족지배와 함께 중층적이었음을 말해준다. 식민지통치하의 조선여성들은 피지배민족이라는 이유로 더 노골적인 성 수탈을 당했던 것이다.[68]

야마시타는 식민지여성에게 성적 수탈의 대상으로서의 역할을 강요한 것이야말로 차별의 중층구조가 존재하며 '위안부문제'의 본질이 있다고 지적한다.

패전 후 46년을 맞아 겨우 공식적으로 고발된 '종군위안부' 문

68) 山下英愛, 「朝鮮における公娼制度の實施」, 『朝鮮人女性がみた〈慰安婦問題〉』(尹貞玉他)所收, 三一書房, 1992, 129면.

제는 근대 일본의 젠더이데올로기와 콜로니얼리즘의 결합에 의해 생겨난 엄청난 범죄였다. 또한 근대 일본의 천황제 국가는 가족국가 이데올로기를 전면에 내세워 아마테라스 오미카미의 나라라는 이미지조작을 했고 동시에 타국 여성의 성 착취를 의미했다.

스즈키 유코鈴木裕子는 콜로니얼리스트 아마테라스 오미카미의 식민지 여성정복 전략이 내선內鮮결혼과 '위안부'제도의 이중전략이었다는 것을 날카롭게 지적하고 있다. 1919년 조선에서 일어난 3·1운동에 위기감을 느낀 일본정부는 일시동인一視同仁, 내선융화內鮮融和 정책을 추진하였고 그 구체적인 성과로서 내선결혼정책을 실시했다. 1920년에 이왕세자 은垠과 나시모토노 미야梨本宮와의 황족 결혼이 강행되었고 이듬해 '내선인통혼법안內鮮人通婚法案'을 성립시켰다. 그리고 "내선인 상호 간의 혼인을 통한 내선인의 융합동화는 진심으로 경축할 일이다"[69]라고 적고 있다.

스즈키는 이러한 감언이설 속에 숨겨진 내선결혼이 '세계에 가장 우수한 우등민족'이라고 믿는 일본인에 의해 식민지 하 조선민족에 대한 멸시와 차별정책이 현실적으로 나타난 것이라고 지적한다.

> 지배자들이 입에 거품을 물고 부르짖은 '내선융화'나 '일시동인'은 그 자체가 이율배반적 모순에 가득찬 이데올로기로 말 그대로 그림의 떡이 아닐 수 없었다. 그런데도 일본지배층은 '내선결혼'을 '내선융화와 동화'라는 국책으로 진행시켰다. 조선민족을 '피'로 일본민족에게 동화시키기

69) 「內鮮人通婚民籍手續きに就いて」, 『朝鮮』(1911年9月号) 참조.

위해 그리고 그 민족성을 말살시키기 위해 노력했다고 볼 수밖에 없다. 이런 황당무계한 우책愚策을 당국자들은 실천하고 있었다.[70]

아마테라스 오미카미를 숭배하는 신전 결혼형태로 이루어진 내선결혼의 내실이 '피의 동화'였던 반면 아마테라스 오미카미의 아들들인 황군병사들을 위해 동원한 '정신대挺身隊'의 실태는 군인의 성적욕망을 충족시키기 위해 '위안부'라는 이름의 '성노예'였다. 일본은 정신대라는 용어에 대해 일본의 젊은 여성들에게 강요한 '여성근로봉사대'와 유사한 것이라고 선전한다. 그러나 일본 여성에게는 문자 그대로 노동동원이었고 식민지 여성은 노동 이외에도 성 노예 동원이었다는 측면에서 뚜렷한 차이가 있다.[71]

정신대라는 용어는 이러한 차이를 흐려놓는 역할을 했으며 식민지여성에 대해 이루어진 공포의 성 착취를 은폐하기 위해 사용되었던 것이다.

'정신挺身'이라는 표현 자체가 근대 일본 젠더이데올로기의 산물이지만 '정신대'는 더 나아가 일본제국주의 콜로니얼리즘을 내포하고 있었다. 정신대라는 이름으로 '위안부'가 된 식민지 여성들은 신체적 성 착취뿐만 아니라 황군의 침략사상 동일화를 강요당한 것이다. 한국정신대문제대책협의회의 윤정옥 (당시)공동대표의 취재 기록을 보면 다음과 같은 잔혹한 장면이 나와 있다.

70) 鈴木裕子, 『従軍慰安婦・內鮮結婚』, 未來社, 1992, 76면.
71) 山下英愛, 「韓國女性學と民族」, 『女性學』(日本女性學會 vol.4), 新水社, 1996 참조.

> 매일 같이 30~40명을 상대하지 않으면 안 되는 것은 죽는 것보다 고통스러웠다. 또한 견디기 어려웠던 것은 포로가 된 팔로군八路軍 병사를 살해하는 현장을 보는 일이었다. 그 때 우리는 기모노를 입고 '대일본국방부인회大日本國防婦人會'라는 어깨띠를 두르고 밖으로 나가 선전운동을 하지 않으면 안 되었다. 이런 퍼포먼스를 하는 이유는 위안부라는 것이 얼마나 자랑스러운 일인가를 자각시키기 위함이라고 한다.[72]

'위안부'가 된 여성들은 일본 군인들에게 강간을 당하고 임신을 하는 일도 생겼을 뿐만 아니라 '황군위안부'로서 군인들의 논리를 강요당하고 적군 병사나 비전투원을 만났을 때는 무참하게 성적·심리적으로 노예를 당할 강제 권력이 작동함을 시사하고 있다. 이 권력의 원천이 '천황제 국가'였던 것은 말할 나위도 없다. 아마테라스 오미카미의 나라에 의한 아시아 여성들의 노예화는 근대 일본의 아마테라스 오미카미라는 '남근적 모성'을 조작한 교묘한 이데올로기 전략이었음을 시사하고 있다.

72) 尹貞玉, 山下英愛 譯, 「挺身隊取材記」, 『朝鮮人女性がみた<慰安婦問題>』, 三一書房, 1992, 55면.

나오면서

근대 일본의 젠더이데올로기의 형성과 그 갈등 과정을 국가전략과의 관계속에서 검토해 보았다. 그 결과 분명해진 것은 '일본의 근대화 과정'이 젠더이데올로기를 결정하는 역할을 담당했다는 것이다. 이것은 종래의 남성중심적 근대사에서 누락된 관점이었다. 또한 '여성의 사랑과 성'을 기록한 문학적 여성사에 있어서도 무시되어 온 논점이었다.

근대화가 국민국가화였고 국민국가형성을 위해 무엇보다도 국민의 생산과 교육이 중요과제였다. 또한 국민이라는 욕망주체를 부추기기 위해서는 국가에 의한 성 관리시스템이 필요불가결했다는 것을 생각하면 국가가 여성을 포섭해간 젠더이데올로기 전략의 의미가 강제적이었음을 알 수 있다.

서구에서 근대국민국가의 성립은 근대 가족의 생성과 일체적이었다. 그렇기 때문에 국가가 기대하는 여성의 역할로서 모성은 근대 가족 여성의 자발적인 자기실현으로서의 모성과 얄궂게도 합치했던 것이다. 여성의 자유의지에 의한 선택이 모성이라는 자연성과 합치한 듯이 보인 근대 궤적 그것이야말로 칸트를 감동시킨 로망적인 '조화미'였다.

그렇지만 여성이 선택한 모성은 점차 여성의 생물학적 필연성이라고 간주되어 갔다. 모성이 마침내 여성의 자유의지 그 자체의 질곡이 되는 요인이 되었는데 어떻든 간에 19세기 서구 근대국가의 저력은 여성의 자발적인 모성에 의한 헌신적 가정을 이루게 하고, 교육적 기능을 기반으로 했다는 것이다. 막말 유학자들이 그 점에 주목한 것은 예민한 취각이었다고 밖에 말할 수 없다.

일본의 근대화 과정에서 남성 지식인들에 의해 많은 젠더이데올로기가 제창되었다. 그것은 여성들에게 모성이라는 국가적 역할을 자각시키기 위한 악전고투였다고 말할 수 있다. 여성들은 이러한 강요된 이데올로기에 반발하면서 그녀들의 일상 적인 감각과 섹슈얼리티에 근거한 삶의 가능성을 찾아 투쟁하였다. 그리고 그녀들은 독자적 사상에 유래한 모성관母性觀을 둘러싸고 격렬한 논쟁을 펼쳤다. 젠더이데올로기가 근대 가족의 성숙과 함께 생성된 서구에 비해 일본은 성급한 근대화 과정에서 젠더이데올로기의 형성은 의도적인 것이었기 때문에 강제적 혹은 억압적 성격은 눈에 보이는 것이었다. 그 때문에 일본 젠더이데올로기의 전근대성이 지금도 지적되고 있는 것이다.

그렇지만 근대국민국가가 젠더이데올로기적 편성을 가장 많이 요구하고 있었음이 분명해지면서 서구 근대화와 일본 근대화가 그 시간축의 길고 짧음이 있다 하더라도 상당히 유사한 점이 있다고 할 수 있다. 오히려 일본 근대화의 성급함에 의한 제도나 이데올로기의 거친 조제법이 교묘하게 치장된 서구 근대화의 비근대화부분이 역으로 드러난다고 조차 말할 수 있다.

그 한 예가 근대화 과정에서 종교의 역할이었다. 서구 근대화의 국민종교가 크리스트교였기 때문에 보이지 않았던 국가와 종교의 공범관계는 일본에서 더 분명한 형태로 노정되었다. 말할 것도 없이 국가신도가 바로 그것이다.

경이적이라고 할 정도로 단기간에 응축되어 성립된 일본 근대국민국가 정당화를 위해 날조된 대표작이 천황제가족국가 이데올로기였다. 고대신화 속의 젠더관계를 부활시킨 국체이데올로기가 결국 전체의 젠더이데올로기를 흡수하면서 비대화해져 기형화되었다.

물론 전후 국체이데올로기는 해체되었지만 가족모델을 부부중심의 근대 가족이 아니라 모자중심의 신성국가 모델에 둔 심성은 잔존했다. 본가의 천황가가 의식적으로 근대 가족 모델을 흡수하여 형태변화를 꾀했다는 것은 짓궂은 현상이었다. 또한 여성천황기대론 같은 위험한 경향도 보인다.

모든 공동체를 가족으로 의인화한 심성은 집단가족주의라는 형태를 취하며, 개인보다는 집단의 화합을 중시하는 몰개성적 배타적인 평균화사회를 만드는 온상이 되었다.

이러한 체제 아래에서 타자와 다른 자신의 유일성을 주장하는 것은 어렵게 된다. 때문에 기존 젠더 질서를 재검토하는 것이 어렵고 이전의 젠더이데올로기의 속박이 그대로 살아남는 상황이 이어진다.

그렇지만 요즘 내면화된 근대 일본의 젠더이데올로기 문제성을 논하기 시작하였다. 내발적인 일본의 페미니즘운동이나 이론형성에 의한 측면도 있지만 그 이상으로 커다란 임팩트는 일본 근대의 국체이데올로기와 그 젠더관념을 고발하는 내부의 힘이었다.

말할 것도 없이 근대 일본의 모든 이데올로기의 뒤틀림의 귀결로 생긴 전쟁범죄 희생자들의 고발이었다. 식민지나 점령지의 많은 여성들의 '성 노예화'였던 '종군위안부'문제는 근대 일본의 '천황제 국가'·'가족국가'·'젠더이데올로기'·'성적관리 시스템'·'식민지주의'·'침략전쟁'의 문제가 가진 모순의 집약에 의해 일어난 국가범죄였다. 이 문제에 대한 해명은 근대 일본국가의 은폐된 역사 부분을 다시 도려낸다는 의미에서 지금 세계가 주목하고 있다.

본 논고에서는 충분히 다루지 못했지만 근대 일본이 일으킨 국가범죄에 대해 더 진지한 해명작업은 금후의 과제로 남긴다.

‖ **저자 후기** ‖

근대 일본의 전쟁책임을 묻는 외부의 목소리가 높아지는 반면 일본에서의 사상적 폐쇄성은 눈에 띈다. '이 사람이 설마'라고 생각한 사람조차 전쟁책임문제를 회피하려는 것은 도대체 무엇 때문일까. 이것이 필자의 최대 고민이었다. 그 큰 이유로 마루야마 마사오丸山眞男가 언급한 것처럼 사상적 무책임 상태가 현재도 계속 진행 중이라는 것을 생각했다. 그렇지만 그 사상적 무책임 상태는 어디에서 유래하는가는 아직 분명하게 밝혀진 것은 아니다.

마루야마가 지적하듯이 근대천황제가 사상적 무책임 상태의 원흉이라는 것은 확실하다. 그렇지만 마루야마도 근대천황제가 어떤 내적 메카니즘을 가지고 근대 국민국가에 들러붙었는가라는 근본적 문제를 밝혀낸 것은 아니다. 그것은 마루야마에게 젠더문제가 결정적으로 누락되어 있기 때문이었다고 필자는 생각하고 있다.

근대화 혹은 국민국가화에 젠더가 어떤 역할을 했는가하는 문제는 현대 페미니즘의 세계적인 테마이다. 서구 페미니즘은 서구국가의 식민지전략과 세계전략에 수행한 젠더역할을 연구하고 있다. 그렇지만 페미니즘의 경우 서구 근대의 자유, 평등 이데올로기라는 해방 환상은 아직도 근대국가의 여성전략의 전모를 보이지 않게 하는 점이 있다. 그것에 비하면 근대 일본의 경우 국가적 젠더 전략 윤곽은 너무도 명확하고 여성 이용도 확실하고 철저하기까지 하다. 그런 의미에서 근대국가의 젠더전략 의미를 해명하기 위해서는 근대 일본의 젠더 해독이 선구적 영역을 개척하는 것일지도 모른다는 생각이 든다.

그렇지만 그 작업을 수행하는 것은 필자의 개인적인 능력 부족으로 그것은 큰 욕심이었고 아직 불충분한 상태에서 제자리걸음을 하고 있다. 역사가도 아닌 필자가 새로운 자료를 가지고 있는 것도 아니고 오로지 수중에 갖고 있는 자료 속에서 무엇을 읽어낼 것인가를 자문자답할 뿐이다. 그렇지만 현재 진행 중인 역사논쟁 속에서 젠더문제의 중요성을 제기해 가는 작업은 꼭 필요한 것이라고 생각한다. 전쟁책임을 회피하는 남성학자들은 젠더문제를 건드리는 것을 꺼리는, 현실 타협쪽으로 나아가고 있다. 필자는 근대 일본의 젠더문제를 검토하면서 국가가 여성을 동원전략에 휘말린 여성이 침략전쟁에 가담하게 된 경위를 해독해 보았지만 그것은 물론 남성들의 전쟁책임에 면죄부를 주기 위한 것은 결코 아니다. 여성의 전쟁책임 가담성을 해명하는 것이 남성의 가해책임 해명에 연결된다고 생각된다.

역사학자 입장에서 보면 자료의 인용 방법에 이견이 있을 것이라고도 생각하지만 필자의 의도였던 자료의 표면에 감추어진 의미를 해독한 시론이었음을 이해해주었으면 한다. 근대 일본이나 현대일본의 성차별이데올로기에 대해 함께 투쟁해가는 동료들과 절차탁마하며 필자가 꿈꾸는 목적을 조금씩 실현해나갔으면 한다.

오고시 아이코

‖ 역자 후기 ‖

본서는 오고시 아이코大越愛子의 『近代日本のジェンダー』(三一書房, 1997)를 번역한 것이다. 1996년 처음으로 '젠더'라는 용어를 접했다. 그렇지만 당시는 젠더가 무엇인지도 모르면서 수업을 들었던 기억이 난다. 그것을 지금에 와서 가만히 생각해보면 역자가 남성이라는 이유도 있겠지만, 더욱 근본적인 원인은 일본제국주의 논리 속에 일본인 여성은 '피해자'이면서 '가해자'라는 양면성을 수용할 수 있을 만큼의 인식에 도달하지 못했기 때문이라고 여겨진다. 다시 말하면 일본인 여성들 중에서도 일본제국주의의 논리를 부르짖으며 침략전쟁에 가담한 것은 바로 그 여성들이 국가 이데올로기를 깨닫지 못했다는 의미에서 가해자이면서 피해자라는 의미이다. 이 이론을 확대하여 새롭게 깨달은 것은 '국가의 제국주의화와 여성(=국민)'이라는 것이다. 어떻게 보면 어느 나라건

제국주의화될 가능성은 항상 내포하고 있으며, 국가는 국민 만들기에 모든 '이데올로기'를 동원하는 속성을 가지고 있다고 생각한다. 그렇게 본다면 '일본'이라는 한 나라를 떠나서 어떻게 보면 '국민국가 공동체'에 몸을 담고 있는 모든 나라 '국민'은 '국민국가 이데올로기'에 수렴될 가능성이 항상 잠재되어 있는 것은 아닐까라고 생각한다. 그렇다면 국민국가논리에 수렴되지 않고 자각된 자아를 형성할 수 있는 '외부'를 어떻게 하면 만들 수 있을까. 혹은 그것이 국민국가 이데올로기라는 것을 어떻게 꿰뚫어 볼 수 있을까라는 문제를 절실히 고민하지 않을 수 없다.

본서는 일본의 경우를 예로 들면서 일본이 제국주의화 되어가는 논리 속에 '여성'이 어떻게 '일본인화'되었는지를 살펴보고 있다. 이 점이 본서의 가장 중요한 포인트라고 생각한다. 본 역서는 전체가 3장으로 구성되어 있는데 그 전개방식이 특이하다. 우선 먼저 일본의 근대가 출발한 시기를 메이지유신으로 삼고 젠더 형성 문제의 출발을 설정했다. 그를 기점으로 메이지기 젠더 규범의 생성 기원과 일본의 젠더규범 발상에 관한 계보를 분석하고 있다.

메이지기 문명개화와 함께 유입된 서구 근대의 젠더규범에 대해 일본이 어떠한 방식으로 젠더화 전략을 취했는지 그리고 그 젠더화 전략에 일본의 전통적 젠더관이 어떻게 이용되었는가라는 문제를 심층적으로 고찰한다. 『메이로쿠 잡지』에 관여한 모리 아리노리森有禮・나카무라 마사나오中村正直・쓰다 마미치津田眞道・니시 아마네西周・후쿠자와 유키치福澤諭吉 등 유학파들의 근대국가 형성논리를 제시한다. 특히 그들이 서구 근대국가의 가정에서 남편을 내조하고 자녀 교육에 전념하는 여성들의 존재를 인정하는 근대적 '성별 역할분업화'된 가정을 인식하면서 일본에 그것을 도입하려고 시도한다는 점이다. 하지만 그 역할분할에 여성의 권리가 주장되는 것은 제외하고 있었다는 것이다. 젠더문제가 서구처럼 여성의 입장에서 제기되는 것을 경계하며 남성의 입장에서 여성 당사자를 배제하면서 젠더이데올로기 형성의 주도권을 쥐었다는 것을 알 수 있으며, 그것은 곧 '여성'을 배제한 여성 만들기의 일환이었음을 읽어낼 수 있을 것이다.

동시에 전근대적인 남존여비 젠더관을 비판하는 척 하면서 새롭게 형성해야 할 근대 일본의 '남성중심사회'에 어울리는 새로운 젠더 질서를 모색했던 것이다. 일부일처제라는 서구형 근대 가족제도를 외형적으로 갖추면서 여성을 이에家제도로 흡수하여 현모양처를 길러내고, 결국은 그 방향이 이에제도의 정점인 천황제를 긍정하는 일본적 내셔널리즘의 형성기획으로 연결되었던 것이다. 그들은 서구의 근대주의 이념을 도입하면서 그것들을 교묘하게 일본적으로 변형시켜 서구와 이질적인 일본적 근대주의인 '천황제' 국가를 창출했던 것이다. 그 때 철저하게 이용한 것이 전통적 차별구조, 즉 가부장제의 논리였으며 특히 여성차별이었다. 그들은 차별구조의 온존과 은폐를 위해 일본 민중의 전통적 평등 환상을 부추기고 재생산했다. 바로 이곳에 일본 스스로가 고안해 낸 근대주의 이데올로기의 문제점이 존재했다.

이러한 남성주의 논리를 극복하기 위해 여성운동가들은 반발을 시도한다. 이는 곧 『청탑』 잡지에서 여성들 자신에 의한 여성사상을 창출해낸다. 그녀들은 실생활에서 여성 자신들이 겪는 문

제를 제시하면서 그 중심은 정조·낙태·폐창논쟁으로 전개된다. 히라쓰카 라이초平塚らいてう와 이쿠다 하나요生田花世의 정조논쟁과 야스다 사쓰키安田皐月와 이토 노에伊藤野枝의 낙태논쟁 그리고 히라쓰카의 가세였다. 그러나 이 『청탑』에서 벌인 논쟁들은 근대국가가 강요하는 젠더이데올로기에 반대하는 것처럼 보였지만 결국 국가의 성 관리시스템을 보강하는 역할을 담당하게 된다.

이처럼 만약 근대에 생겨난 사상들을 하나의 이데올로기로 간주한다면 그를 꿰뚫어보기 위한 방법은 무엇이 있을까. 먼저 오히려 일차적으로는 공동체 안에서의 논리를 자신이 받아들이지 않으면 안 된다는 것을 알 수 있다. 그것이 주체적이라고 볼 수는 없지만, 그것을 받아들여야만 하는 궤적이 필요하다고 볼 수도 있다. 그렇게 본다면 『청탑』은 '정상적인 논쟁'을 전개한 것이었는지도 모른다. 그러나 문제는 그 이후의 일이다. 즉 여성이든 남성이든 일본의 젠더이데올로기 사유방식에 시대적 배경이 연동하고 있었다는 측면을 꿰뚫지 못하면 그것은 한계성을 갖게 된다는 것이다. 즉 시대적 연동관계속에서 형성되는 내면을 외부에서 볼 수 있어야 한다는 것이다. 야마카와 기쿠에山川菊榮가 요사노 아키코与謝野明子와 '여성의 경제적 자립론'과 히라쓰카 라이초의 '국가모성보호' 입장의 대립관계를 해소하는데 사용한 이론이 '사회주의' 논리였고, 『청탑』 논쟁을 벌인 히라쓰카와 요사노 아키코·야마카와 기쿠에·다카무레 이쓰에高群逸枝의 모성주의 논쟁도 다이쇼데모크라시라는 시대적 배경과 연동하면서 전개되었다는 점이다. 또한 다카무레 이쓰에가 주장한 '모성원리'라는 논리가 천황제 국가논리로 편입되어 가는 것도 '민족의 어머니'·'국가적 모성'이라는 전시상황 속에서 일본 페미니즘을 형성하게 된 배경이 존재했다는 것이다.

다른 한편으로는 이처럼 여성 자신들도 내면화한 '모성원리(평화적이며 비폭력적이라는 의미)'를 지배원리로 내세운 근대국가논리는 권력적이자 폭력적인 '남성원리' 그것과 결국 동일선상의 놓여져있음을 깨달아야 한다는 것이다. 이를 통찰하지 못한 결과 여성들은 여성들 내면의 깊은 심층에 젠더 구조를 선택했고 더 나아가 일본적 젠더이데올로기의 확산에 공헌하게 된 결과를 초래한 것이다.

이렇게 본다면 일본 여성들의 젠더이데올로기 내면화는 '국가와 일체화'되었기 때문에 전쟁에 가담한 가해자의 입장이 된 것이다. 일본 여성이 식민지지배에 가담하고 식민지지배 사상을 내면화해간 것도 일본이 근대국가를 형성해가면서 잉태한 '남근적 모성' 논리를 여성들이 꿰뚫지 못했기 때문이라는 결론에 이르게 된다. 남근적 모성이란 결국 개인이 어느 공동체와 일체화되어 있다는 의식을 인식하지 못하면, 그 행위는 '사상'을 고스란히 현실로 이행하는 것에 불과하다고 지적한 헤겔의 이론과 중첩시켜 생각하지 않을 수 없다. 자각하지 못하는 것은 '기계적 의식'이라는 것이다. 개인의 행동이 국가 혹은 공동체 이데올로기와 어떠한 간극을 갖지 못하면 그것은 하나의 역사적 과정에서 생성된 산물인 '사상'을 기계적으로 이행하는 것에 지나지 않는다는 것을 재삼 느끼게 해준다.

이러한 '기계적 의식'의 탈출구를 찾으려 고민하고 한편으로는 이러한 문제를 공유했으면 하는 바람에서 역자의 역량에 부치는 일이었음에도 불구하고 번역서를 내놓게 되었다. 이를 이해해주시고 인문학분야의 어려운 출판 상황임에도 불구하고 흔쾌히 출판을 허락해주신 소명출판에 진심으로 감사의 말씀을 전한다.

역자 전성곤

참고문헌

1. 저서

J. S. ミル, 水田洋 譯,『代議制統治論』, 河出書房, 1967.
J. B. エルシュテイイン 著, 小林史子他 譯,『女性と戰爭』, 法政大學出版局, 1994.
J. クリステヴァ, 枝川昌雄 譯,『恐怖の權力』, 法政大學出版局, 1984.
加藤玄智,『神道精義』, 大日本図書, 1938.
家永三郎,『革命思想の先驅者』, 岩波書店, 1955.
諫山陽太郎,『家・愛・姓』, 勁草書房, 1994.
犬塚孝明,『森有礼』, 吉川弘文館, 1986.
慶応義塾 編,『福澤諭吉全集』第3巻・第4巻・第5巻・第8巻・第10巻, 岩波書店, 1958.
高橋昌郎,『中村敬子』, 吉川弘文館, 1966.
高群逸枝,『母系制の研究』上, 講談社, 1979.
________,『アナキズム女性解放論集』, 黑色女性社, 1982.
谷川健一 編,『近代民衆の記錄3・娼婦』, 新人物往來社, 1971.
久米邦武,『特命全權大使米歐回覽實記』, 岩波書店, 1977.
久野明子,『鹿鳴館の貴婦人大山捨松』, 中央公論社, 1988.
紀平正美,『燃え騰る日本』, 明世堂書店, 1944.
大江志乃夫,『靖國神社』, 岩波書店, 1984.

大久保利 謙編,『西周全集』第1卷, 宗高書房, 1960.
大越愛子他,『解体する仏教』, 大東出版社, 1994.
大庭みな子,『津田梅子』, 朝日新聞社, 1993.
藤野池他 譯,『世界の名著・ヘーゲル』, 中央公論社, 1962.
藤井治枝他,『女の教育百年』, 三省堂, 1977.
鈴木裕子 編,『女性=反逆と革命と抵抗』, 社會評論社, 1990.
________ 編,『山川菊榮女性解放論集』2, 岩波書店, 1984.
________ 編,『日本女性運動資料集成』第10卷, 不二出版, 1995.
________,『從軍慰安婦・內鮮結婚』, 未來社, 1992.
鹿野政直・堀場清子,『高群逸枝』, 朝日出版社, 1977.
鹿野政直・香內信子 編,『与謝野晶子評論集』, 岩波書店, 1985.
鹿野正直,『戰前の・〈家〉の思想』, 創文社, 1983.
柳田國男研究會 編,『柳田國男伝』, 三一書房, 1988.
柳田國男,『柳田國男全集』11卷・29卷, 筑摩書房, 1991.
明治法制経濟史研究所 編,『元老院會議筆記』第11卷, 元老院會議筆記刊行會, 1967.
芳賀登,『良妻賢母』, 雄山閣, 1990.
保坂清,『フェノロサ』, 河出書房新社, 1989.
福永操,『あるおんな共産主義者の回想』, れんが書房新社, 1982.
福田英子,『妾の半生涯』, 岩波書店, 1958.
福澤諭吉,『福澤諭吉全集』第5卷, 岩波書店, 1958.
本居宣長,『本居宣長全集』第8卷・第9卷, 筑摩書房, 1972.
富田仁 編,『異文化との出會い』, 三修社, 1986.
山崎明子,『アジア女性交流史』, 筑摩書房, 1995.
山田盟子,『娘軍哀史』, 光人社, 1992.
山住正己,『教育勅語』, 朝日新聞社, 1980.
山川菊榮,『おんな二代の記』, 平凡社, 1972.
三輪田眞佐子,『女子の本分』, 國光社, 1894.
杉山春,『滿州女塾』, 新潮社, 1996.
小林登美枝, 米田佐代子 編,『平塚らいてう評論集』, 岩波書店, 1987.

小山静子,『良妻賢母という規範』, 勁草書房, 1991.
松本三之介 編,『近代日本思想体系31・明治思想集』I, 筑摩書房, 1976.
________ 編,『近代日本思想体系30・明治思想集』II, 筑摩書房, 1977.
________,『明治思想における伝統と近代』, 東京大學出版會, 1996.
植木枝盛,『植木枝盛集』第2巻, 岩波書店, 1990.
安倍能成他,『西田幾多郎全集』1卷・12卷・17卷, 岩波書店, 1947[1951].
外崎光廣,『日本婦人論史』上, ドメス出版, 1986.
羽賀祥二,『明治維新と宗教』, 筑摩書房, 1994.
尹貞玉他,『朝鮮人女性がみた〈慰安婦問題〉』, 三一書房, 1992.
折井美耶子,『資料・性と愛をめぐる論争』, ドメス出版, 1991.
井田輝敏,『近代日本の思想像』, 法律文化社, 1991.
中野八十八,『尊い日本の女性』, 清水書房, 1943.
陳野守正,『大陸の花嫁』, 梨の木舍, 1992.
倉橋正直,『従軍慰安婦問題の歴史的研究』, 共榮書房, 1994.
村岡伊平治,『村岡伊平治伝』, 南方社, 1957.
村上信彦,『明治女性史』, 中巻前編, 理論社, 1973.
村上重良,『近代詔勅集』, 新人物往來社, 1983.
________,『慰靈と招魂』, 岩波書店, 1974.
沖野岩三郎,『娼妓解放哀話』, 中央公論社, 1982.
平塚らいてう著作集編集委員會 編,『平塚らいてう著作集』6, 大月書店, 1984.
平塚らいてう,『元始,女性は太陽であった』①・③, 大月書店, 1992.
奥田 編,『宗教の中の女性史』, 青弓社, 1993.
河野信子他,『高群逸枝論集』, JAC出版, 1979.
香內伸子 編,『資料・母性保護論争』, ドメス出版, 1984.
脇田晴子 編,『母性を問う』下, 人文書院, 1985.
ジーン・ベスキー・エルシュテイン 著, 小林史子他 譯,『女性と戰爭』, 法政大學出版局, 1994.
ハンナ・アーレント, 大島かおり他 譯,『全体主義の起源』2, みすず書房, 1972.

ヘーゲル 著, 樫山欽四郎 譯,『精神現象學』, 河出書房, 1966.
もろさわようこ 編,『ドキュメント女の百年5女と權力』, 平凡社, 1978.
『現代日本文學全集・北村透谷・樋口一葉』, 筑摩書房, 1956.

2. 잡지

雜誌 編,「明六雜誌 第8号」·「明六雜誌 第20号」·「明六雜誌 第27号」·「明六雜誌 第31号」·「明六雜誌 第33号」·「明六雜誌 第34号」·「明六雜誌 第35号」,『明治文化全集』第5卷, , 日本評論社, 1968.
「內鮮人通婚民籍手續きに就いて」『朝鮮』(9月号), 1911.
中山忠直「滿蒙の旅3」『東洋』(419号), 1933.
山下英愛,「韓國女性學と民族」,『女性學』(日本女性學會, vol.4), 新水社, 1996.
野田宇太郎,「晶子における戰爭と死」,『文芸讀本・与謝野晶子』, 河出書房新社, 1991.
『郭淸』第6卷 第5号, 復刻版 第6冊, 龍溪書舍, 1980.
『女學雜誌』第1号・第８号, 復刻版, 臨川書店, 1984.